産経NF文庫
ノンフィクション

我々はポツダム宣言受諾を拒否する

岡村 青

潮書房光人新社

我々はポツダム宣言受諾を拒否する——目次

プロローグ

上野事件

海軍三〇二航空隊決起事件

満州国務院決起事件

装幀　伏見さつき
DTP　佐藤敦子

我々はポツダム宣言受諾を拒否する

プロローグ

ポツダム宣言の波紋

一九四五年八月十五日、日本帝国陸海軍は米国、英国、中国、ソ連の四ヵ国が要求するポツダム宣言を受諾し、無条件降伏した。この受諾をもって三年八ヵ月にわたる太平洋戦争に終止符が打たれた。同時に日本は事実上敗戦国となり連合軍の占領下に置かれた。

しかしポツダム宣言受諾は容認しがたいものとし、断固として「徹底抗戦」「聖戦貫徹」を唱え、決起を訴える陸海軍の一部将兵あるいは政府官吏、民間人などによる反乱事件が各地で勃発するなどさまざまな波紋を巻き起こし、凄惨な結末を見た部隊さえあった。

本書は、「陸軍水戸教導航空通信師団」「海軍第三〇二航空隊」「満州国務院総務庁」等の反乱事件に直接加わり、渦中にいて事件の顚末をつぶさに知る体験者の証言をもとに決起反乱事件の発生から収束にいたるまでの経緯および将兵たちを決起に至らせた背景、つまり将兵たちの動機、要因、さらには当時の戦局、政府、軍首脳部、国民生活などについてまとめたものだ。

したがって決起反乱事件の真相を知るためにはまず事件の根本的要因ともいうべきポツダム宣言とはいかなるものか、同宣言の受諾を迫られた日本側はいかなる対応をしたか、この点に触れなければ理解なかばにおわる。

ポツダム宣言とは日本の敗戦を想定し、降伏の条件、日本国民の処遇、敗戦後の日本の占領政策等に関する連合国の基本的な姿勢を明示した文書であり、一九四五年七月二十六日に公表された。

ポツダム宣言はそしてドイツ・ベルリン郊外のポツダムにトールマン米大統領、スターリン・ソ連首相、アトリー英首相が参加し、一九四五年七月十七日から八月二日にかけて開かれたいわゆる三巨頭会議で決定されたものだ。ポツダム宣言は『米英中三国共同宣言』とも称された。中とはすなわち中華民国のことであり、蔣介石の国民党政府を指す。ただし蔣介石は、宣言に署名はしているもののポツダムでの会議には出席しておらず、決定後に電信を用いて同意したものだった。

一方スターリン首相は会議に出席しているものの署名には加わっていなかった。それはなぜかといえばポツダム宣言が公表された時点ではまだソ連は対日宣戦布告していなかったからだ。けれど八月八日、日本に対し宣戦布告した時点でソ連もポツダム宣言に署名した。そのため同宣言は『米英中ソ四国共同宣言』と名称も変更した。

もうひとつの変化として英首相がチャーチルからアトリーに交替したというのがある。七月十七日のポツダム会議開催段階ではチャーチル首相が英国代表として出席していたがこの後に実施された英国の総選挙でチャーチルは落選し、アトリーが首相の座に就いた。さらに付け加えればルーズベルト米大統領の急死によるトルーマンの副大統領から大統領就任というものもあった。

一九四五年二月、ポツダムでの会議に先立ってソ連領クリミア半島のヤルタで開かれたヤルタ会談ではルーズベルト大統領が出席していた。けれどこれより二ヵ月後の四月十二日死去する。チャーチル首相もヤルタ会談では参加し、スターリン、ルーズベルトらと並ぶ姿が写真に撮られたが、先に述べたように総選挙で落選したためポツダム会議には顔をそろえなかった。

ポツダム宣言は戦後日本の体制を示す

ではポツダム宣言とはどのようなものか。同宣言は一三条で構成されている。やや長いがこの後触れる機械も多いので全文を記しておくのもいいだろう。

一、吾等合衆国大統領、中華民国政府主席及「グレート・ブリテン」国総理大臣ハ吾等ノ数億ノ国民ヲ代表シ、協議ノ上日本国ニ対シ今次ノ戦争ヲ終結スルノ機会ヲ与フルコトニ意見一致セリ

二、合衆国、英帝国及中華民国ノ巨大ナル陸・海・空軍ハ西方ヨリ自国ノ陸軍及空軍ニ依ル数倍ノ増強ヲ受ケ日本国ニ対シ最終的打撃を加フルノ態勢ヲ整エタリ右軍事力ハ日本国力抵抗ヲ終止スルニ至ル迄同国ニ対シ戦争ヲ遂行スルノ一切ノ連合国ノ決意ニ依リ支持セラレ且鼓舞セラレ居ルモノナリ

三、決起セル世界ノ自由ナル人民ノ力ニ対スル「ドイツ」国ノ無益且無意義ナル抵抗ノ結果ハ日本国国民ニ対スル先例ヲ極メテ明白ニ示スモノナリ現在日後本国ニ対シ適用セラレタル場合ニ於テ全「ドイツ」国人民ノ土地、産業及生活様式ヲ必然的ニ荒廃ニ帰セシメタルカニ比シ測リ知レサル程更ニ強大ナルモノナリ吾等ノ決意ニ支持セラルル吾等ノ軍事力ノ最高度ノ使用ハ日本国軍隊ノ不可避且完全ナ

ル壊滅ヲ意味スヘク又同様必然的ニ日本国本土ノ完全ナル壊滅ヲ意味スヘシ
四、無分別ナル打算ニ依リ日本帝国ヲ滅亡ノ淵ニ陥レタル我儘ナル軍国主義的助言者ニ依リ日本国カ引続キ統御セラルヘキカ又ハ理性ノ経路ヲ日本国カ履ムヘキカヲ日本国カ決定スヘキ時期ハ到来セリ
五、吾等ノ条件ハ左ノ如シ
六、吾等ハ無責任ナル軍国主義カ世界ヨリ駆逐セラルルニ至ル迄ハ平和、安全及正義ノ新秩序カ生シ得サルコトヲ主張スルモノナルヲ以テ日本国民ヲ欺瞞シ之シテ世界征服ノ挙ニ出ツルノ過誤ヲ犯サシメタル者ノ権力及勢力ハ永久ニ除去セラレサルヘカラス
七、右ノ如キ新秩序カ建設セラレタルコトノ確証アルニ至マテハ連合国ノ指定スヘキ日本国領域内ノ諸地点ハ吾等ノ茲ニ指示スル基本的目的ノ達成ヲ確保スルタメ占領セラルヘシ
八、「カイロ」宣言ノ条項ハ履行セラルヘク又日本国ノ主権ハ本州、北海道、九州及四国並ニ吾等ノ決定スル諸小島ニ局限セラルヘシ
九、日本国軍隊ハ完全ニ武装ヲ解除セラレタル後各自ノ家庭ニ復帰シ平和的且生産的ノ生活ヲ営ムノ機会ヲ得シメラレルヘシ

一〇、吾等ハ日本人ヲ民族トシテ奴隷化セントシ又ハ国民トシテ滅亡セシメントスルノ意図ヲスルモノニ非サルモ吾等ノ俘虜ヲ虐待セル者ヲ含ム一切ノ戦争犯罪人ニ対シテハ厳重ナル処罰ヲ加ヘラレルヘシ日本国政府ハ日本国国民ノ間ニ於ケル民主主義的傾向ノ復活強化ニ対スル障害ヲ除去スヘシ言論、宗教、及思想ノ自由並ニ基本的人権ノ尊重ハ確立セラルヘシ

一一、日本国ハ其ノ経済ヲ支持シ且公正ナル実物賠償ノ取立ヲ可能ナラシムルカ如キ産業ヲ維持スルコトヲ許サレルヘシ但シ日本国ヲシテ戦争ノ為再軍備ヲ為スコトヲ得シムルカ如キ産業ハ此ノ限リニ在ラス右目的ノ為原料ノ入手（其ノ支配トハ之ヲ区別ス）ヲ許可サレルヘシ日本国ハ将来世界貿易関係ヘノ参加ヲ許サレルヘシ

一二、前記諸目的カ達成セラレ且日本国民ノ自由ニ表明セル意志ニ従ヒ平和的傾向ヲ有シ且責任アル政府カ樹立セラルルニ於テハ連合国ノ占領軍ハ直ニ日本国ヨリ撤収セラルヘシ

一三、吾等ハ日本国政府カ直ニ全日本国軍隊ノ無条件降伏ヲ宣言シ且右行動ニ於ケル同政府ノ誠意ニ付適当且充分ナル保障ヲ提供センコトヲ同政府に対シ要求ス右以外ノ日本国ノ選択ハ迅速且完全ナル壊滅アルノミトス

ポツダム宣言は一三条にこめられた要求に従わず、日本国軍隊の即時無条件降伏を宣言しない場合、日本国の選択肢は完全かつ徹底した壊滅以外ないとした。つまり同宣言は日本に突き付けた連合国の最後通牒といえた。ただし、一方でポツダム宣言は日本の戦後体制の枠組みを示し、将来の国家像の指針とすべきものであったともいえよう。

日本から軍国主義者およびその助言者などを一掃し、再軍備につながる産業の復活も認めず、日本国民の自由な意志表明に基づく民主主義および政府の樹立をも要求するものであったからだ。

ポツダム宣言作成の舞台裏

このようなポツダム宣言。ではいつ、どこで、だれが、どのような経緯でつくられたか。結論を先に述べれば、まずいつかという疑問について。ポツダム宣言は一九四五年五月二十八日、トルーマン大統領に手渡された時点で成文化した。次に、どこで、という疑問は、ポツダム宣言は米国国務省極東地区委員会によって起草された。では、だれかという疑問。ポツダム宣言はジェームズ・バーンズ国務長官の側近であるジョセフ・グルー国務次官と一般的にいわれているが実際は違う。ユージン・ドゥーマン国務長官特別補佐官によって原案が起草された。ドゥーマン特別補佐官は父親が牧師であり、来日中に大阪で生まれ、此の後父親が東京のミッションスクールの教頭に転任するのにともない九段の暁星学園で学ぶなど日本通だったことがポツダム宣言づくりに起用されたのだった。

続いて、どのような経緯でポツダム宣言は作られたかとの疑問について。あえてひとことで言えば戦争の長期化にともなう人的物的損失の軽減、戦後の世界および日本の秩序回復、これであった。むろんこれだけでは満足な説明になっておらず、さらに詳しく触れる必要があろう。

ポツダム宣言は七月二十六日午後九時ベルリンで発表された。日本は翌二十七日米国から発信されたラジオ放送を通じてポツダム宣言を受信した。そのためポツダム宣言の存在自体は知っている。とはいえ知っているのと理解しているとは別だ。そのため政府も軍部も、まして反乱決起事件に関与した将兵たちもはたしてどこまでポツダム宣言を理解しているかには疑問がある。

米国国務省極東委員会で起草されたポツダム宣言を携えてトルーマン大統領は一九

四五年七月十五日ベルリン郊外のポツダムにやってきた。ソ連首相スターリンは直前になって軽度の心臓発作を起こしたためポツダムにはひと足遅れて十七日に到着した。

ポツダムでの米英ソ三国首脳会談開催を提案したのはチャーチル首相だった。彼が開催を提案した理由とは、一九四五年五月七日、無条件降伏したのを機にヒトラーの後継となったデーニッツ暫定政府が崩壊し、連合国の管理下に置かれたドイツの戦後処理をめぐるソ連の横暴に対し米国を仲裁役として歯止めをかけるというものだった。

けれどトルーマン大統領の参加理由は別だった。対日戦での損耗軽減のねらいからむしろソ連の早期対日参戦を期待してポツダム会談に臨んだからチャーチルとは思惑を異にした。

しかし実際会談が始まってみるとトルーマンのソ連参戦熱望は急速に冷めていた。それはポツダムに到着した翌日の午後、トルーマンのもとにきわめて心地よい朗報がもたらされたからだ。この日スチムソン米陸軍長官は本国より原爆実験の成功を意味する暗号電文が届き、急ぎそれをトルーマン大統領に知らせた。スチムソンが受け取った暗号電文とはこのようなものだった。

「今朝手術をおこなった。診断はまだ完了してないが結果は良好の模様だ。グローブス医師は喜んでいる。絶えず結果をお知らせします」

グローブスとは原爆開発の責任者であるレズリー・グローブス少将を指す。さらに翌日トルーマンは第二信を受け取った。これでいっそうポツダム会談でのソ連対応に自信を強めた。第二信は、「その赤ん坊は兄貴と同じように丈夫です」との暗号電文であり、原爆実験の成功をはっきりと伝えるものだったからだ。

米国の原爆開発は一九四二年十月に始まっていた。当時のルーズベルト大統領はベアネバー・ブッシュ国防委員会議長らの助言を受け入れ、ニューメキシコ州ロスアラモス核開発のための研究所建設を了承する。核開発計画は「マンハッタン計画」と命名され、カナダ、英国もこの計画に参画する。核の研究開発は物理学者のロバート・オッペンハイマー主導ですすめられ、グローブス少将が全体的な指揮を執った。

ポツダム宣言をめぐる米英ソの思惑

本国からの暗号電文をポツダムで受信した米将校たちはしかし暗号電文が何を意味するか知らない。だから本気でスチムソン長官に子供が誕生したと思いこみ驚嘆するのだった。スチムソン長官はこのとき七八歳。将校たちの驚きは核実験成功にではなくスチムソン長官の壮健な肉体にだった。

第二信を受け取ったトルーマンはポツダム会議に臨む姿勢にいっそう確信を持った。

つまりソ連の対日参戦はもはや必要なし、という確信だ。ニューメキシコ州アラモゴード砂漠で実施された核実験の成功は米国の、世界で最初の核爆弾製造能力を確たるものにした。これを実戦配備すればソ連の協力を得なくても米国単独で対日戦に勝機がある。トルーマンはこう判断したのだ。

トルーマンのこの認識をチャーチルも共有していた。会談から数日後であったがチャーチルは側近に、「トルーマン大統領はソ連の対日参戦を望んでない」との認識を伝えていた。けれど十七日午後五時からポツダムで始まった三巨頭会議でソ連の対日参戦不用は議題に上程されなかった。それはなぜか。

ひとつは同年二月のヤルタ会談で、ソ連の対日参戦による日米戦争の早期収拾を企図し、その条件として米国はソ連の千島・樺太等の割譲を認めた。二つめは、ドイツの無条件降伏後三ヵ月以内に対日参戦するとの容認を受けてソ連軍はすでに極東方面に集結を開始している。三つめは、ソ連はこれまでも、そしてこれからも盟友にかわりない――等々の配慮がトルーマンに働いたからだ。

だからスターリンが円卓に立っておこなったヤルタ会談の開催宣言につづいてトルーマンが行った議案説明にソ連の対日参戦関連は含まれておらずもっぱら降伏後のドイツ問題に割かれた。議案とはこのようなものだった。「講和条約検討のため米英中ソ仏の五国外相会議設置」「対独管理方針」「解放地域のヤルタ宣言適用」「イタリアとの講和条約制定および国連加盟問題」。

ただしだからといって対日問題が協議されなかったわけではない。米英ソ首脳に随伴する参謀長らによる軍事委員会のあいだで対日戦略問題が協議され、七月二十四日、次のような決定を見たのがそうだ。

一、封鎖と空襲で日本海空軍力を破壊したうえで日本本土に侵入、要衝を占領する。

一、ソ連の対日参戦を奨励する。

一、太平洋の作戦は米国統合参謀会議が掌握する

一、英国の遠距離爆撃機一〇個中隊に増強する。

一、日本の組織的抵抗終結を一九四六年十一月十五日とする。ただし戦況に応じ適宜変更する。

七月二十六日段階ではまだソ連はポツダム宣言に署名していないとさきに述べた。けれどいずれ連合国に加わることはヤルタ協定で確約されており、対日参戦は既定事実であった。それにもかかわらずモロトフ・ソ連外相はトルーマンに、対日戦争に加

わる他の連合国から、ソ連の対日参戦の要請を取り付けてほしいとする、このような要望をおこなったという。

モロトフ外相の要望のねらいは何かといえば要するに、ソ連の対日参戦は連合国全体から受けた要請に基づくものであるとの正当性を示す〝お墨付き〟をトルーマンから取り付けることにあった。トルーマンもモロトフ外相の要望を否定しなかった。しかし肯定もしなかった。つまり言質をあたえなかったのだ。それは明言を避け、態度を曖昧にすることでソ連が対日参戦を思い止どまることを願ったからだ。トルーマンも、チャーチルがそうであったように、参戦後に生じるソ連の問題行動をひどく懸念していた。一九四五年五月七日の無条件降伏後ドイツは東西に分割され、ソ連は東側を占領した。

けれどソ連は占領と同時に工場の資・機材、水道、ガス施設、鉄道も枕木ごとあらゆる物資を根こそぎ本国に運び込んだほかドイツ人研究者を拉致する。あるいは一〇〇ヘクタール以上の農地を没収し、地主階級の解体とともに小作農民に再分配するなどの強権発動で東側国民を恐怖させ、戦後処理問題をかえって困難にさせた。

ソ連の強盗まがいの略奪行為や領土拡大主義は大西洋憲章やカイロ宣言とも逸脱するものであった。これらは関係国民の自由意志によらない領土拡大の否認、一般国民に対する罰則回避、被占領国民を含む戦争被害者の権利回復などを規定している。

それゆえトルーマンは、たとえば満州が、ソ連の対日参戦で東ドイツの二の舞いになるのを恐れたのだ。ところがじっさいトルーマンの懸念は現実となる。一九四五年八月八日以降ではあったが、満州侵攻後ソ連はあらゆる物資を強奪したうえに日本軍民をシベリアに強制連行し労働使役に従事させるなどの反人道的蛮行を繰り返したからだ。

ともあれモロトフ・ソ連外相の要望は、日本に向けて公表されたポツダム宣言が七月二十八日、「米英重慶／日本降伏の最後条件を声明」との大見出しで日本の新聞紙上にも掲載され、これに対してさらに鈴木貫太郎首相が、「宣言を断固黙殺するとともに戦争完遂に邁進するのみ」との談話を発表するタイミングと、ちょうど一致するときであった。

日本にとってもっとも憂鬱な夏

これまでポツダム宣言の原案起草から発表に至るまでの米英ソの舞台裏を見てきた。したがってこの後はポツダム宣言を突き付けられた日本側の対応に焦点を移したい。

ポツダム宣言は日本軍に対し武装解除および無条件降伏の受諾を要求するものであ

り、事実上日本の敗北を宣告するものであった。そのため受諾するしないを問わずポツダム宣言は日本国および日本国民の今後の命運を決定するいわば〝踏み絵〟でもあり、一九四五年八月は日本にとってもっとも憂鬱な夏であった。

連合国はポツダム宣言を拒否するならば「日本国ノ選択ハ迅速且完全ナル壊滅アルノミトス」と通告した。当然のこととして日本国内は容認か拒否かの両論に二分した。陸軍水戸教導航空通信師団や海軍三〇二航空隊の決起部隊はポツダム宣言受諾を潔しとしない拒否派にくみするものだった。

一九四五年四月五日、鈴木貫太郎に対し天皇陛下より組閣の大命が降下され翌々日の七日、第四二代鈴木貫太郎が首相に就任する。これで我が国の戦争遂行の潮目が変わった。鈴木は八月十五日のポツダム宣言受諾を伝える詔書放送直後内閣総辞職したことであきらかのようにいわゆる「終戦内閣」であったからだ。

東条英機内閣退陣後の一九四四年七月二十二日、現役軍人陸軍大将の小磯国昭首相は米内光政海軍大将を海軍大臣に推薦し、二人三脚で組閣する。これは天皇陛下より「協力して組閣せよ」との大命によるものだった。そのためこの組閣は両者の姓をもじって磯米内閣などともいわれた。

けれど小磯内閣はわずか八ヵ月ほどで瓦解する。戦局のいっそうの悪化に加えて対ソ外交の行き詰まり、戦局をめぐる陸・海・政三者の対立激化などが瓦解の主な要因であった。

七月七日、サイパン島守備隊の組織的戦闘は終わり、陥落した。これを契機にさらに制空権を奪われた日本はＢ29爆撃機による本土空襲が始まる。各地で日本軍守備隊の全滅、玉砕が相次ぎ戦況はますます劣勢の一途をたどった。戦況打開に向けて小磯首相は対ソ交渉に活路を求めるのだった。

日本の対ソ交渉はすでに太平洋戦争開戦前から始まっていた。ただし当時はまだソ連に日本の和平工作を依頼するための交渉ではない。日ソ中立条約遵守を再確認するためであった。日ソ中立条約は一九四一年四月十三日モスクワで調印された。そのため東郷茂徳外相は一九四一年十一月、スメターニン駐日ソ連大使と会談し、あらためて日ソ中立条約の確約を得るのだった。

東郷の条約遵守再確認の目的は後顧の憂いの払拭にあった。彼がスメターニン大使に会ったころにはすでに東条内閣は日米開戦の最終準備段階に入り、十一月五日には大本営も連合艦隊に対して決戦命令を発していた。じっさいスメターニン大使より確約を得たことで日本は「北守南進」に憂いなく、この数日後には連合国に宣戦布告する。

けれどソ連の条約遵守は詭弁にすぎない。東郷外相がスメターニン大使に会っていたころすでにソ連は十月一日モスクワの米英ソ代表者会談で大西洋憲章に調印しているからだ。

同憲章は一九四一年八月十四日大西洋上の英戦艦プリンス・オブ・ウェールズ上でルーズベルト大統領、チャーチル首相が会談し、第二次世界大戦後の指導原則を八項目に定めたものだ。

この憲章で注目されるのは第一、第二、第三の項目であろう。つまり「領土の不拡大」「関係国民の自由意志によらない領土変更の否認」「民族の政体を自由に選ぶ権利並びに強奪された主権及び自治の返還」だ。

ソ連はこの調印より約二ヵ月前の六月二十二日ドイツ軍の侵攻を受け独ソ戦に突入していた。これは同時に反日にも同調するものであった。日本は日独伊三国同盟で結ばれているからだ。反独戦で協調する米英に日本が敵対することはすなわちソ連に敵対することに等しいという論理だ。じっさいソ連の老獪さは後に分かる。

一九四三年十月モスクワで米英ソ外相会談が開かれ、ドイツに対する無条件降伏、降伏後の米英ソによるドイツの分割占領、戦争犯罪人の処罰等を取り決めた。続く十一月のルーズベルト、チャーチル、スターリン三首脳によるテヘラン会談がおこなわれ、ここでスターリンは対日参戦の意向を明らかにし、米英首脳の同意を得た。そしてさらに一九四五年二月クリミア半島で同じく三首脳が顔をそろえ、スターリンはドイツ戦勝利後の三ヵ月以内に対日参戦に加わる見返りとして千島、樺太等をソ連領とする密約を得ているからだ。それにもかかわらずスメターニン大使はこのような内実などおくびにも出さず東郷外相に接していた。

東条内閣倒壊

日本の対ソ方針は関係悪化を避けるため絶えず静謐姿勢で臨んだ。そのため日本側としてはソ連との関係は必ずしも不快なものとはみなしていなかった。それゆえ米国との和平交渉を依頼するのでもある。

重光葵は一九四三年四月二十日の東条の内閣改造で外相に就任するが、依然ソ連との関係は基本的に変化はなかった。しかし政界は動揺していた。日ごとに劣化する戦況に加えて海軍内部に嶋田繁太郎軍令部総長ならびに海軍大臣更迭要求、戦争終結、和平促進機運の高まり、重臣らの東条内閣への入閣拒否等々による倒閣運動で東条内閣はついに倒壊。磯米内閣が発足する。けれど時局の好転はもはや期待できなかった。

重光は小磯内閣でも引き続き外相にとどまり、組閣直後の九月八日、マリク・ソ連駐日大使が一時帰国するにあたり外務省にやってきたので再度モスクワ特使訪問を要望する。佐藤尚武駐ソ大使も重光外相の意向を受けモロトフ外相に特使派遣を打診した。

けれど日ソ間の友好関係は維持されており、差し迫った懸案もないなどとしてモロトフ外相は申し入れを断ってきた。重光外相の特使派遣はまたしてもかなわなかった。モロトフ外相の拒否はしかし、日本は同盟関係にあるドイツとソ連が国交を回復し、友好関係を結び、ドイツの延命をはかることで対米英戦を打開するとの日本の思惑を見抜いていた、というのが本音であった。

わらをもすがる日本。そこには悲愴感さえただよっている。けれど袖にされながらもなおソ連に独ソ和平、重慶政権との和平工作に期待をかけ、次のような大幅譲歩案をしめすことで対ソ交渉に望みをかけるのだった。

一、津軽海峡の航行容認。二、漁業権放棄を含む日ソ基本条約廃棄。三、北満鉄道譲渡。四、満州、内蒙古、支那その他の大東亜圏内におけるソ連の平和活動容認。五、満州におけるソ連の勢力範囲承認。六、内蒙古におけるソ連勢力範囲承認。七、防共協定廃棄。八、三国条約及び三国協定廃棄。九、南樺太譲渡。一〇、北千島譲渡。

小磯内閣は対ソ交渉と並行して重慶交渉も重要な対外政策であった。重慶は蔣介石政府を指す。蔣介石は南京から武漢、さらにはるか内陸部の四川省重慶に遷都した。これは日本軍に制圧され脱出したことによる。

一九三八年一月十六日、当時の近衛文麿首相は、「今後国民政府を相手にせず。我が国と提携する新興政権の成立発展を期待し、これと国交調整をおこなう」との声明を発表し、かねてドイツを仲介役に立ててすすめていた和平交渉に難色をしめす蔣介石政権に見切りをつけ、日中戦争を継続する。

一方で近衛首相は蔣介石にかわって王精衛と提携をはかった。王は国民政府を離脱した反蔣和平派。近衛首相が同年十一月に発表した「善隣友好・共同防共・経済提携」、いわゆる近衛三原則にただちに呼応し、日本の支援を得て陳公博、周仏海ら同僚とともに南京に国民政府を樹立する。

近衛声明から六年後、小磯首相はふたたび蔣介石政権との和平交渉を模索した。交渉で企図されたのは日中戦争早期解決による抗日戦争収束および米英依存からの蔣介石の離反、この二点であった。けれど交渉は結局不発に終わり、小磯内閣崩壊要因ともなるのだった。小磯首相と繆斌《みようひん》の接触をとりもったのは緒方竹虎国務相だった。

緒方国務相は宮廷に出入りしていた記者などを通して繆斌を知っていた。小磯首相は自らしたためた手紙を山縣初男大佐に託し、上海の繆斌のもとに派遣した。陸軍が仕立てた飛行機で来日した繆斌は都内の渋沢邸に迎えられた。同邸は国賓館であり繆斌は丁重なもてなしを得たのだ。

ところが小磯の対応はしごくあっさりしたものだった。繆斌との会談は一回のみ。肝心の重慶交渉仲裁は柴山兼四郎陸軍次官にまかせっぱなしだった。

小磯首相は柴山次官を通して繆斌にしめした重慶交渉の条件は、「南京政府解消留守府設置」「留守府成立と同時に日支両政府相互停戦および撤兵交渉開始」――この二点であった。けれど繆斌との交渉はまとまらなかった。

繆斌は東久邇宮とも面会し、そこで蔣介石の意向をこのように伝えていた。蔣介石は日本政府も軍部も信頼せず。ただし天皇陛下は尊敬し信頼に足りる。しかし日本では天皇陛下に直接拝謁できないため皇室の一員である殿下に拝謁され、今日すみやかに日支間の和平を要し、兄弟間のせめぎ合いはただちに停止したいとの考えを天皇陛下に伝言願いたい、と。

繆斌のこの伝言に東久邇宮は、中国のように独裁的に決済できるのとは異なり日本には内閣制度があり外交問題はすべて政府の責任でおこなっている。したがって天皇陛下の裁可を得ることはできないと返答した。

繆斌の来日や重慶交渉に東久邇宮、緒方らは異論がなかったが重光外相や杉山陸相、米内海相、梅津参謀総長らは賛同しなかった。杉山陸相などは、「繆斌は重慶の回し者」とすら断じ、不審感を隠さなかった。

繆斌を仲介役とする蔣介石との和平交渉について小磯首相は四月三日参内し、なお今後も交渉を継続するむね奏上した。けれど天皇陛下はこの件についてすでに複数の関係者から伝えられており、小磯首相の説明とは相違するものを抱いていた。しかしあえて不可とすることは避け、「深入りしないようにせよ」と、婉曲に言うのだった。それでも小磯首相はこのままでは惜しいとしてなおも交渉継続を言外に伝えるのだった。

翌四日午前中、小磯首相はふたたび参内したが繆斌の件について天皇陛下に質されたときの彼の返答はまったく確信のないものに変わっていた。自信のなさはすでに彼は辞任を固めていたからだった。じじつ同日午後三時ふたたび天皇陛下に拝謁し、小磯首相は辞任を伝えるのだった。繆斌を通した重慶交渉は不発に終わったのみならず閣内不一致を招き、ついには小磯内閣総辞職に追い込まれるのだった。

終戦内閣

四月五日午後五時より皇居表拝謁の間で重臣会議がただちに始まった。後継内閣を決めるためだ。木戸内大臣は近衛、若槻、平沼、東条、岡田、鈴木、広田は一時間ほど遅れて六時に参集した。

会議は木戸の司会で始まり、早くも東条元首相が議論の口火を切った。彼は、「戦時中しばしば内閣が更迭するのはよろしくない。今度の内閣は最後の内閣でなければならん」と発言した。彼の念頭には一九三七年七月の盧溝橋事件を契機に始まった日中戦争以降、林銑十郎、第一次、第二次、第三次近衛文麿、平沼騏一郎、阿部信行、米内光政と、めまぐるしく首相が変わり、腰の定まらない短命内閣があった。

東条に続いて発言した岡田啓介予備役海軍大将もほぼ同意見だった。「今度できる内閣は非常にいろいろ考えるべきである。最後まで国の運命を背負う内閣であり、国の総力を結集する内閣である」と述べた。

彼も次の内閣は国家の存亡に生命を賭けるぐらいの信念を持つ重量級内閣が望ましいと考えたのだ。この後首班指名を受けることになる鈴木貫太郎内閣が「終戦内閣」といわれるゆえんはここにある。

けれど鈴木の首相内定に至るまでには会議は揉み合いとなり相当紛糾した。和戦両論、首相人選、人選か国策かの優先順位、などであった。和戦両論では東条、平沼、鈴木らが主戦論で一致し、若槻、広田らは和平論にかたむく。近衛はいずれにもくみせず公平の立場で臨んだ。

人選がさきか国策がさきか。優先順位をめぐって若槻は、今回の重臣会議は後継内閣の人選にあるとする天皇陛下の趣旨にしたがうべき、国策は後継内閣にゆたねるとの理由から人選を優先する。これに対して東条は国策優先の立場だった。国内には戦争完遂、無条件降伏受認の二説ある。そのためまず国論統一を優先し、人選はこの後におこなうというのだ。平沼も国策優先で東条につらなる。

時期後継内閣にふさわしい人物はだれか。さまざまな候補が挙がった。若槻は、すでに首相辞任後二〇年も経過しているとして辞退した。広田は陸海いずれか現役軍人の就任を期待すると表明。平沼も統帥と国務の関係上現役軍人が適切とし、広田に近い。近衛はしかし、従来の行き掛かりを排するとして現役軍人回避を明らかにする。

東条、鈴木、木戸は具体的に人物を挙げた。木戸は鈴木を名指しした。戦局が国内に及ぶときだからこそかえって腰の据わった、国民に信頼され得る内閣が望ましいとの理由からだ。じつは東条から小磯政権に交代するさい近衛は鈴木の名を挙げた経緯がある。はたしてそれが念頭にあったのか鈴木は木戸の推挙を受けるまえ、指名を予想してこのような予防線を張っていた。

「岡田閣下にも話したことだが、軍人が政治にかかわるのは国をほろぼすことになる。ローマの滅亡、カイザーの末路、ロマノフ王朝の滅亡もまた同じ。したがって自分が政治にかかわることは自分の主義からも困難。耳も遠いしお断りしたい」

木戸はそれでもあえて鈴木の名を挙げた。けれど東条は反対しないまでも鈴木指名には消極的だった。皮肉まじりにこう述べた。

「国内が戦場とならんとするとき、よほど注意しないと陸軍がそっぽを向くおそれがある。陸軍がそっぽを向けば内閣は崩壊する」

東条の発言はやや穏当を欠いた。そのため木戸は真意を質すのだった。

「陸軍がそっぽを向くとは重大なことだが、何かきざしなり予感があるのか」

東条はすかさずこう答えた。

「ないこともない」

これは後のことだが、ポツダム宣言受諾に対する中堅将校らのクーデター事件などを東条は予想したのかも知れない。木戸と東条の応酬をかたわらで聞いていた岡田は東条をたしなめた。

「この重大時局にあたって大命を拝するものに対してそっぽを向くとはなにごとか。

国土防衛はだれの責任か。陸海軍ではないのか」

「その懸念があるからこそご注意されたいと申し上げるのだ」

なおも東条は自説を述べるのだった。

会議は午後八時に終了した。この後木戸は天皇陛下に拝謁し、重臣の総意であるとして鈴木貫太郎に大命降下されることを告げる。じっさいそうなる。ただしすんなりいったわけではない。鈴木は固辞したからだ。木戸につづいて鈴木も御学問所で天皇陛下に拝謁する。このとき藤田尚徳侍従長も同席した。天皇陛下は鈴木に向かって直接、「卿に内閣の組閣を命ずる」と下命した。

このあと大概なら、さらに組閣にあたって憲法遵守、慎重な対外政策の言葉がつづく。けれど鈴木についてはこの慣例を用いなかった。藤田侍従長はそのため天皇陛下は鈴木に全幅の信頼をおいていることを知る。鈴木は一九二九年一月、六二歳で侍従長に就いて以来、八年間天皇陛下に仕えていた。

天皇陛下の大命に、だが鈴木は政治経験の薄さ、政策能力の非力などを理由に辞退するのだった。天皇陛下はしかし、「鈴木の心境はよくわかる。だがこの重大な局面にあたってもうほかに人はいない。頼むからどうかまげて承知してもらいたい」と告げるのだった。

かくして一九四五年四月七日、鈴木に大命が降下され、「終戦内閣」が発足する。このとき鈴木は七八歳。まさに老宰相といえた。だからかも知れない。鈴木内閣の閣僚人事を翌日の新聞報道で知った細川護貞は皮肉たっぷりに揶揄するのは。「耳聾せる老虎（鈴木）を籠に乗せ、狐（迫水）や蛇（太田）や忠犬（村瀬）やらが担ぎ、狐は後なる狼（軍部内赤化思想の持主秋永等）に威されつつ左に向きつつあり、蛇や犬は夫々つながる縄ありて自由ならず。唯何も気づかぬ古狸（岡田大将）のみ得々として腹鼓を打ってるありさまか。かくのごとき内閣が長続きし得るや否や。余は大いなる疑問を感ず」と。鈴木内閣はわずか四ヵ月ほどで終わるから細川の疑問通りになる。

大命降下を受けた鈴木はただちに組閣人事に取り組む。そこでまず翌六日岡田海軍大将に来訪を求め組閣の手順、人事に関する知恵を仰ぐ。岡田は一九三四年七月から三六年二月末まで約一年半首相の座にあり、国会運営の経験も豊富だった。岡田から米内の海相留任も取り付けた。問題は陸軍だった。陸軍の協力を得られなければ、「陸軍がそっぽを向けば内閣は崩壊する」と予言した東条の言葉通りになる。

鈴木は子息の鈴木一をともなって陸軍省に杉山前陸軍相を訪ね、時期陸軍大臣の推薦を仰いだ。鈴木の訪問に気をよくした杉山は協力を快諾し、阿南惟幾大将を時期陸相に推し、さらに阿南入閣の条件として次の四点を鈴木に示した。一、あくまでこの戦争を完遂すること。二、陸海軍を一体化すること。三、本土決戦必勝のために陸軍の企図する諸政策を具体的に躊躇なく実行すること。

巧智な宰相

政治に疎いとして大命を固辞したがさにあらず。鈴木首相は巧智に長け、国難から国家国民を救うみごとな政治さばきを見せる救国宰相であった。けれどこれを可能にさせたのは彼の演技力にあった。和平か徹底抗戦か。両論交錯するなかでけっして本音を語らず、むしろ徹底抗戦の強行論で臨み軍部を懐柔するなどみごとな腹芸を見せながらけれどポツダム宣言受諾へと巧みに導き、戦争終結につなげるからだ。

とはいえたやすくはない。日本を取り巻く情勢は日ごとにきびしさを増し予断を許さない。鈴木内閣発足直前の四月五日、モロトフ外相は佐藤尚武駐ソ大使に日ソ中立条約不延長を伝える覚書を渡した。これは事実上ソ連参戦を示唆するものだ。三国同盟も崩壊し、日本はいっそう孤立無援に陥った。四月二十五日ソ連軍はドイツの首都ベルリンに進撃し三十日には国会議事堂にソ連の赤旗がひるがえった。同じくこの日ドイツ・ナチス党のヒトラーも、前日に結婚したばかりの愛人エーファ・ブラウンとともに自決した。

すでに一九四三年七月連合国に降伏しているイタリア・ファシスト党のムッソリーニも四月二十八日愛人のクララ・ペタッチとともにパルチザンによって銃殺された。五月七日ドイツも連合国に対して無条件降伏した。これらによって一九四〇年九月に調印された日独伊三国同盟は崩壊し効力を失った。

軍部はあらかじめドイツの降伏を予想し、四月三十日の最高戦争指導会議において「一億鉄石ノ団結ノ下必勝ヲ確信シ皇土ヲ護持シ飽ク迄戦争ノ完遂ヲ期スル決意ヲ新ニスル」との「独屈服ノ場合ニ於ケル措置要綱」を決定した。この後ドイツの無条件降伏により日本政府は五月十五日の閣議で三国同盟破棄を正式決定する。

東郷茂徳外相は四月二十二日、河辺虎四郎参謀次長および有末精三第二部長の訪問を受け、ソ連の対日参戦阻止のためソ連との積極交渉を、との要望を受けた。東郷外相はこれを好機ととらえた。

陸軍の要望をむしろ利用し積極的に議論することで和平機運を醸成して和平交渉につなげる方途をさぐった。東郷は二度目の外相就任だった。入閣にあたって鈴木首相から早期和平の言質を得ていた。ところが阿南陸相に対しては東郷とちがった対応を見せていた。阿南は戦争完遂を条件に入閣を了承していたからだ。

阿南陸相の条件は、鈴木首相が杉山前陸相と交わした約束を果たしたまでのことであった。対応のちがいは和平派に不信感を抱かせもしたがそれでも鈴木首相は本心を語らず、立場も明らかにしなかった。

河辺参謀次長らの要望を引き受けた東郷外相は、鈴木内閣発足後初めての最高戦争指導会議に臨んだ。同会議は小磯内閣下で設置されたものだが、次官や次長らも出席し、しかも彼らの主導で会議はすすめられたため彼らを通して重大事項が外部に漏洩するなどの欠陥があった。東郷外相はこれを改め、会議は首相、外相、陸・海相、参謀総長、軍令部総長この六者で構成するとの了解を得た。このことから六巨頭会議ともいわれた。

会議は五月二日から十四日にかけて開かれ、もっぱら対ソ交渉をいかにすすめるかが討議された。阿南陸相はソ連の対日参戦阻止対策を力説し、米内海相は、日本の米英戦争に対し好意姿勢を示しているソ連との友好関係を維持すべきと説いた。梅津参謀総長はとくに発言しなかった。彼は元来人事には詳しいが作戦には難があるともいわれている。及川古志郎軍令部総長も、近々豊田副武にその座を渡すため多くは述べなかった。

米内海相のソ連認識にはしかし疑問がある。二月のヤルタ会談でソ連は米英と対日参戦で合意しているからだ。四月には日ソ中立条約不延長を通告している。不延長の理由についてもモロトフ外相は佐藤大使にこう述べている。一九四一年四月の調印当時と現在では情勢が変化している。日本はドイツと同盟を結びソ連との戦争を側面から支援し、なおかつソ連と同盟関係にある米英と戦争状態にある。したがって条約の意義は失ったというものだ。

米内海相にかぎらず他の構成員もヤルタ会談の詳細は知らない。けれど日ソ中立条約不延長は知っている。とくに東郷外相は佐藤大使よりソ連の対日姿勢変化が伝えられており、米内海相が求める好意的姿勢誘致には懐疑的であった。いまやソ連の好意的姿勢誘致は非現実的。ただちに戦争終結の努力を公式に開始すべきと主張したのはこのためだ。

三者の意見を清聴していた鈴木首相はここではじめて意見を述べた。ソ連に米英和平交渉の仲介を依頼してはどうか、と。鈴木首相のこのひとことで会議の流れはソ連の参戦阻止のための交渉から米英和平のための交渉へと大きく変化した。鈴木首相は和平派であることもこれで明らかになった。これまで鈴木首相は言動から抗戦派と見られていた。組閣後の四月七日、彼はラジオ放送で次のような談話を発表していた。

「今次大戦は今やいかなる楽観も許されぬ重大なる情勢に立ち至りました。（略）遂に敵の反抗をして直接本土の一端（沖縄）を占拠せしむるが如き事態と相成りましたことは臣子として誠に慚愧に堪えぬ次第であります。今は国民のすべてが既往の拘泥を一掃して悉く光輝ある国体防衛の御楯たるべき時であります。私は固より老軀を国民諸君の最前線に埋める覚悟で国政の処理に当たります。諸君もまた私の屍を踏み越えて起つの勇猛心を以て新たなる戦意を発揚し、倶に宸襟を安じ奉られんことを希求してやみません」

ラジオ放送を聴いた国民は鈴木首相はあくまで戦争貫徹の方針にかわりないのを理解した。さらに四月十三日夜半Ｂ29爆撃機による東京空襲で皇居の一部と明治神宮本殿が被爆したのに対して天皇陛下に拝謁したさいも鈴木首相は被爆を謝罪するとともに、「一戦争を戦い抜くことを以て御上に対するお詫びの証しにすることを誓うものであります」と述べ、継戦の意志を明らかにしている。

これは後の七月二十七日のことだが、サンフランシスコのラジオ放送によってポツダム宣言が公表され、日本に対する降伏条件が示されたときもそうだった。「謀略」だとして一顧だにせず黙殺し、あくまで戦争完遂の強硬姿勢を見せている。

このような言動から国民の目には鈴木首相は抗戦派と映った。けれどじつはまったく逆だった。というのは近衛、木戸、鈴木の三名が木戸邸で私的に会ったさい鈴木首相はついに本音を吐露したからだ。

その経緯とはこうだ。六月八日に開かれた「今後採るべき戦争指導の基本大綱」に関する御前会議で陸海軍および鈴木首相らの強硬論によって徹底抗戦が決定した。このとき鈴木首相と若槻が論争になった。若槻は、徹底抗戦は政府も統帥部も了承してのことかと鈴木首相に噛み付いた。鈴木首相はいずれも了承していると応えたから若槻はなおも食い下がり、ならばそのうえでなお抗戦とはいかなる意味からか、と迫った。

もはや国力は戦争継続に耐えられないことを若槻は知っていた。鈴木首相は若槻の追及に詰まり、テーブルをはげしく叩いて「理外の理というものだ。徹底抗戦して利あらざるときは死あるのみ」、と応えるのが精一杯だった。

このような経緯をひとわたり説明したところで鈴木首相は、木戸の質問にニヤリと笑い、「じつは自分も終戦を考えている」と答え、本心を明かすのだった。軍部のまえでは強硬派ぶりを見せ、心置けない私的な場では本音を語る。本音と建前を巧みに使い分ける鈴木首相の腹芸、じつにみごと。

天皇親書も無視

五月十一日から十四日における六巨頭会議で同意された、ソ連を仲介に米英との和平交渉に臨む件について東郷外相はソ連に対し以下のような依頼の代償を決定する。南樺太の返還、漁業権の解消、津軽海峡の開放、北満鉄道の譲渡、内蒙古におけるソ連の勢力範囲の承認、場合によっては千島列島の北半分の譲渡、などであった。

ただし米英に対する講和条約は示さなかった。これは阿南陸相の拒否による。彼はいまだ日本は広大な占領地を有し、連合国が手にしたのはその一部にすぎず、この現実をもとに交渉すべしとして譲らなかった。

だがそれでも戦争終結に向けた対ソ交渉であるとする点では認識が一致していた。この点を踏まえて東郷外相は広田弘毅にマリク駐日ソ連大使との交渉を要請した。広田は代償を手土産に六月三、四日にかけて箱根に滞在中のマリク大使と交渉する。けれどマリク大使は「研究する」とだけ答え、この後交渉は中断した。

六月二十四日、交渉場所は箱根から都内のソ連大使館に移り、広田・マリク大使会談が再開した。けれど前回同様マリク大使の誠意ある回答は得られなかった。広田はこの会談で日ソ間の平和維持のための相互支持、不可侵協定の締結、満州国の中立化、石油提供の代償として漁業権解消などを提案し、これらについてすみやかに応じられるよう強く要望する。

ところがそれにもかかわらずマリク大使は本国に趣旨を伝えると返答はしたものの二十九日には病気を理由に広田との会談を打ち切っている。ソ連の対日方針はすでに二月のヤルタ会談で決定しており、日本からいかなる提案を示されようとも変更はなかったのだ。

木戸内相も早期に戦争を終結させる試案を一〇項目にまとめ六月九日学問所において天皇陛下に試案の説明をおこなっていた。天皇陛下が戦争終結に転換するのは木戸の試案が影響していた。従来天皇陛下は重臣からさまざまな上奏を得ていたが評価や意志を積極的に表明することはなかった。それが六月二十二日午後三時より開かれた六者会議の様子について木戸内相より説明を受けたのち天皇陛下は木戸にこう伝えるのだった。「——戦争の終結についても此の際従来の観念に囚われることなくすみやかに具体的研究を遂げ、これが実現に努力せむことを望む」と。

木戸が天皇陛下に上奏した試案の主要な項目を挙げるとおおむねこうなろう。

我が国の国力を研究すると継戦能力は事実上喪失している。本年下半期以降全国的に食糧、衣料等の極端な不足に陥り、人心の不安は収拾しがたいものになる。敵側の諸論文から推察すると我が国の軍閥打倒が主目的。したがってまず軍部が和平を提唱し、政府が施策を成案し交渉を始め、この機会を逸すればドイツと同じ運命をたどり、皇室の安泰、国体護持は保障し得ない。天皇陛下の親書を以て仲介国と交渉する。占領地域における我が国陸海軍将兵は自主的に撤兵する――。

じつは早期終戦を天皇陛下に上奏したのは木戸だけではない。広田弘毅内閣で外相をつとめた有田八郎もいた。有田は七月九日天皇陛下に拝謁し、次のような上奏文を提出している。「ソ連、中国の和平工作で日本の地位的有利の確保は臨めない」「敵の本土上陸で我が国は万事休す」「今やいたずらに戦争完遂の高唱は皇国の滅亡。天皇陛下のすみやかな英断を」というものだ。

木戸の上奏を受けた七月七日鈴木首相に対し天皇陛下はソ連の腹をさぐるなどして時期を逸すのはよくない。むしろざっくばらんに仲介を頼むべきだ、と述べ、親書を携えたモスクワ特使を派遣してはどうかと要望する。そこで鈴木首相は東郷外相と特使の人選に入り、近衛文麿に白羽の矢を立てた。

七月十三日、軽井沢の自邸から上京した近衛は午後三時半、国民服のすがたで天皇陛下に拝謁。天皇陛下より、「ソ連に行ってもらうかも知れない」との要望を受ける。近衛もその場で、「御命令とあれば身命を賭けて致します」と答え、退室している。

近衛はさっそく首相官邸に向かい鈴木首相、東郷外相と今後の対応を詰めるが、鈴木首相はこれまでの対ソ交渉の経緯から駆け引きなしのより直截的な交渉を東郷外相にもとめ、特使派遣、親書携行を佐藤大使宛打電を伝えた。

東郷外相はけれど特使打電をまずさきにやり、親書はソ連の出方を見たうえで、と二段構えを提案する。鈴木首相はこれまでの交渉停滞はそれが原因だとして突っぱね、東郷外相に即時打電を認めさせるのだった。

では天皇陛下の親書とはどのようなものか記しておくのもいいだろう。

「天皇におかせられては今次戦争が交戦各国を通じ、国民の惨禍と犠牲とを日々増大せしめつつあるを御心痛あらせられ、戦争が速やかに終結せんことを念願せられおる次第なるが、大東亜戦争において米英が無条件降伏を固執するかぎり帝国は祖国の名誉と生存のため一切を挙げて戦う以外なく、これがため彼我交戦国民の流血を大ならしむるは誠に不本意にして人類の幸福のためなるべく速やかに平和の克服せられんことを希望する」

親書はそのままロシア語に翻訳し、ソ連に渡すことも鈴木首相はきつく命じている。電文を受領した佐藤大使はみずからしたためた書簡を添えてモロトフ外相に渡していた。書簡とはこのようなものだ。

「陛下が近衛侯爵を御差遣遊ばさるるは従来の交渉とは全然性質を異にし、陛下直接の思し召しによるものである」

親書は万策尽きた最後の方策。退路を断ったともいえる。そのため場合によっては天皇陛下自ら訪ソし、スターリン首相との直接会談もあり得ると高松宮宣仁親王が、細川護貞より特使派遣について受けた質問にこう答えるのも、進退窮まりこれ以外の選択はないことを知るからだった。

日本はまったく重大な岐路に立っている。けれどそれにもかかわらず近衛派遣は結局実現しなかった。七月十三日親書を受領した佐藤大使はロブフスキー代理に親書を渡した。このときスターリン首相およびモロトフ外相はベルリンにおり不在だった。そのため佐藤大使は親書をベルリンに転送し、あわせて早急の回答を念押しした。ロブフスキー代理から回答の文書が示された。ただし五日後の十八日であった。しかも文書は天皇の親書は一般的形式を述べたにすぎず具体性にとぼしい。近衛特使派遣も不明瞭として回答は不可能というものであった。天皇陛下の親書は無視されたのだ。

これだけの回答を示すのにソ連は五日間もの空白を置いた。それはなぜか。じつはこのときスターリンはベルリン郊外のポツダムで開かれるトルーマン米大統領、チャーチル英首相ら首脳との会談に臨んでいた。この会談でスターリンはかねて明言していた対日参戦の日時を八月一五日とはっきり示した。

けれどソ連はこれを覆し八月八日日本に宣戦布告した。なぜこうなったか。それは八月六日広島に原爆が投下され、これでいっそう日本の戦力は弱体化し、ソ連の参戦は必要なくなったとする米国の主張を封じ戦後日本における発言権強化をねらったものだ。

七月二七日日本の外務省はサンフランシスコのラジオ放送を通じてポツダム宣言を受信する。けれどこの段階に至ってもまだ東郷外相は佐藤大使に米英との和平斡旋を繰り返し訓電していた。けれどこれはすでに絶望的であった。八月八日午後五時、佐藤大使はモロトフ外相との会談に臨んだ。これは天皇親書および近衛特使派遣の正式回答を得るもので当初会談は午前八時に設定されていた。しかし佐藤大使の用件をさえぎるようにモロトフ外相は用意していた文書を読み上げ、「八月九日ソ連邦は日本と戦争状態に入る」と通告する。じっさいこの四時間後ソ連は日本に宣戦布告し、ソ連軍は満州国境を越えて侵攻を開始する。

聖断下る

七月二十八日鈴木首相はポツダム宣言を「黙殺する」との声明を発表する。けれど声明を米英は受諾の意志がないとみなし八月九日広島に原爆を投下した。八日ソ連が宣戦布告し九日には長崎にふたたび原爆が投下された。

一発の原爆で十数万人もの犠牲者が発生したことで日本政府は恐怖し、ポツダム宣言の一三条とはこのことかと知りおののくのだった。ポツダム宣言を戦争終結の好機ととらえるものもいた。細川護貞は小田原の自邸で牛場友彦、白州次郎らと面談し、ポツダム宣言を無視すれば皇室にも累がおよび国家百年、二百年の災厄をまねくとしてもはや聖断にかかっているとの認識で一致するのだった。

細川は高松宮からの電話でソ連の宣戦布告を伝えられたときも「天佑あるかも知れん」と述べている。そしてこの後高松宮とじかに面談し、条件付ポツダム宣言受諾では米英は認めない。このまま条件付で強行すれば我が日本民族は滅亡する、この機会こそ唯一の機会であるとして全面的ポツダム宣言受諾を高松宮に進言し、同様のことを木戸内相および近衛文麿にも伝えていた。

条件付きとは、八月九日午後一時より開かれた六者会議で東郷外相の国体護持保障のみ条件とする以外全面的ポツダム宣言受諾を主張し、鈴木首相、米内海相はこれを支持するのに対し阿南陸相、梅津参謀総長、豊田軍令部総長らは「国体護持」「戦争犯罪人の処罰は日本側でおこなう」「武装解除は日本側でおこなう」「保障占領は日本本土を回避する」との四つの条件を付けたことだ。

　条件をめぐって賛成反対両者は揉み合い、結論は容易に達しなかった。そのため同日天皇陛下の臨席を得て東郷外相の意向を可とし、天皇陛下の国家統治大権の変更なしのみ条件にポツダム宣言受諾する旨の聖断が下され、ふたたび連合国側に伝えた。

　これに対し八月十二日、非公式ながらバーンズ米国務長官から回答があった。（一）については、天皇及び日本統治の権限は連合国最高司令官の制限下に置かれる。（二）は全軍隊の停戦と武装解除。（三）はポツダム宣言により日本国民の自由な意志によって樹立される。（四）は、連合国軍はポツダム宣言で規定した目的達成まで日本国内に駐屯する――というものだ。

　これについて梅津、豊田は天皇陛下に拝謁し容認できないと述べている。連合国側の正式回答は八月十三日早朝日本に届けられた。すぐさま六者会議が開かれ、阿南陸相、梅津参謀総長は武装解除を連合国にゆずる点、天皇陛下の国家統治大権の権限を連合国下に置く点を質し、容認しがたいとした。けれど同日午後開かれた閣議で大勢はほぼ決定する。一六名の閣僚中ポツダム宣言受諾反対は阿南陸相、安倍内相、松阪法相の三名。他の閣僚は東郷外相の即刻受諾に異議はなかった。

　閣議決定は翌八月十四日午前八時四十分、天皇陛下臨席のもと開かれた六者および全閣僚による御前会議において正式に決定する。この会議で天皇陛下は「朕が身はいかにあろうとも、これ以上戦争を継続して国民の苦しみを見るのに忍びず」と述べたからだ。

ついに聖断は下された。この後ただちに閣議が開かれ天皇詔書の審議に入るとともにスイス政府を通じて米英中ソに向けたポツダム宣言受諾の電文が発信された。一方国民に対してもポツダム宣言受諾および戦争終結の事実が伝えられた。

一九四五年八月十五日正午、ラジオのスピーカーから「君が代」が流れ、これが終わると続いて「戦争終結に関スル詔書」が全国に放送されるのだった。詔書は前日の十四日皇居内において日本放送協会スタッフらによって天皇陛下の肉声を録音したものであった。そのため天皇陛下の肉声であることからラジオ放送は「玉音放送」とも称された。

あるものは学校の校庭で、あるものは地域の集会所や工場の構内で、あるいは自宅の茶の間でというようにさまざまな場所に設置されたラジオの前に集まり、神妙な面持ちでスピーカーから流れる天皇陛下の肉声に耳を傾けた。

国民はこの日午前七時のニュースで、「慎んでお伝えいたします。天皇陛下におかれましては本日正午おんみずから放送あそばれます。ありがたき放送は正午でございます」と放送され、天皇陛下が国民に向けたメッセージを発することがあらかじめ知らされていた。天皇陛下の詔書に続いて鈴木首相による「大東亜戦争終結にあたって鈴木内閣総理大臣」の声明が放送された。

「昨夜十一時畏くも非常の措置によって大東亜戦争を終結することに関する大詔が煥発されました。また本日正午には畏れ多くも天皇陛下御親ら詔書を御朗読遊ばされ放送によって全国民に玉音を以て御告げ遊ばされたのであります。全く前例を見ざる御措置でありまして恐懼とも感激とも申しようがありません。天皇陛下の民草を慈み給う大御心は唯有り難さに涙を止むることができません。ソ連邦は去る九日遂に連合国側に立って帝国に宣戦を布告するに至りました。これがため帝国は米、英、支那三国のほかにソ連邦をも敵とすることとなり、帝国政府と致しましてはこれを以て大東亜戦争を継続するか否かにつき最後決断をなすべき時期と認めざるを得なかったのであります。よって畏くも天皇陛下御親裁の下に廟議確定し、帝国の存立の根基たる天皇陛下の統治大権に変化なきことを条件として米・英・支並びにソ連の七月二十六日付共同宣言を受諾する容易ある旨を通告するに決し、政府は直ちにその手続きを採りましたところ先方よりも回答が参り、その回答を検討致しましたところ天皇陛下の統治大権に変更なきことを確信致しましたのでここに共同宣言を受諾することとなりました。（以下略）」

天皇陛下の詔書放送に続く鈴木首相の声明で国民はポツダム宣言受諾を知り、日本が戦争に敗れた事実を厳粛に受け止め項垂れた。けれどポツダム宣言受諾を拒否し、日本の敗戦も容認せずなおも徹底抗戦、聖戦貫徹を訴え武装蜂起に立ち上がる将兵も少なくなかった。

上野事件

銃声で決起事件勃発

一九四五年八月十七日未明、陸軍水戸教導航空通信師団に数発の銃声が響いた。上野事件の勃発であった。

上野事件は「水戸事件」とも称される。ただしどちらも陸軍水戸教導航空通信師団が事件の主体であり変わらない。それにもかかわらずなぜ二つの事件名があるのかといえば、前者は、完全武装した同師団の将兵約四〇〇名がポツダム宣言受諾を拒否し、徹底抗戦を主張して決起反乱に立て籠もったのが東京上野の東京美術学校（現在の東京芸術大学）であったことにちなむ。後者は、同師団の衛戍《えいじゅ》地は茨城県水戸市にあり、同師団隷下の航空通信部隊に所属する将兵によって決起部隊が編制されたことに由来する。

したがっていずれの名称を使用しても決起事件の主体は陸軍水戸教導航空通信師団であり変わりはない。そのため本書では「上野事件」の名称を使用することにしたい。決起部隊は水戸で編制されたものの実際の武力発動の対象は皇居および放送局などの占拠であり、その拠点を構えたのが上野公園であったからだ。

銃声は林慶紀少尉が拳銃を撃ち放ったものだ。林少尉は部下の大寺三郎兵長ら数名を従えて陸軍水戸教導航空通信師団の幕僚室に乗り込んだ。そこには師団第二大隊長田中常吉少佐がいた。林少尉は田中少佐に、「ただちに師団決起を決断すべきではないか」と迫ったのだ。背後には銃剣つき九九式短小銃を構えた大寺兵長らがおり、林少尉の行為は上官に対する脅迫だった。

同師団にも「国民諸子ニ告グ／海軍航空隊司令」と題し、陸海軍将兵の決起を促す檄文をしたためた伝単（ビラ）がばら撒かれていた。

「赤魔ノ巧妙ナル謀略ニ翻弄サレ必勝ノ信念ヲ失イタル重臣閣僚共ガ上聖明ヲ覆イ奉リ下国民ヲ欺瞞愚弄シ遂ニ千古未曾有ノ詔勅ヲ拝スル至レリ。恐ク極マリナシ。日本ノ天皇ハ絶対ノ御方ナリ、絶対ニ降伏ナシ。天皇ノ軍人ニハ降伏ナシ。

我等航空隊ノ者ハ絶対に必勝ノ確信アリ、外国ノ軍隊ノ神州ニ進駐シ、ポツダム宣言ヲ履行スル時ハ戦争継続スルヨリ何百何十倍ノ苦痛ヲ受クルコト火ヲ見ルヨリ明白ナリ。斯クシテ国内必勝ノ態勢ハ確実ニ整備サレルベシ、今コソ一億総決起ノ秋ナリ」

この伝単は海軍三〇二航空隊が発信元であった。同航空隊は首都防衛を主任務として一九四四年三月木更津で開隊され、同年五月に神奈川県の厚木飛行場に移隊した。小園安名大佐が司令に就いた。小園司令はしかしポツダム宣言の受諾を認めず、日本の必勝を説くとともに部下の山田九七郎飛行長の進言を受けて伝単を起草する。刷り上がった伝単は厚木飛行場に駐機中の雷電、ゼロ戦などに積まれて上空から各地にばら撒かれるのだった。

伝単だけではなかった。林少尉の決起の意志を触発するものがあった。陸軍省軍務課内政班長の竹下正彦中佐および椎崎三郎中佐、畑中健二少佐らを中心とする皇居占拠、放送局占拠、さらに天皇の詔書を録音したレコード盤奪取などの決起計画である。

水戸教導航空通信師団にも同調を求める通信が石原貞吉少佐からあった。石原少佐も決起事件の一員であっただけでなく森近衛師団長の名で発令されたいわゆる「ニセ命令書」を作成した人物だった。

林少尉のおどしにしかし田中少佐はいささかもひるまなかった。かえって一喝するほどであった。

「詔勅は陛下のご意志であり戦争はもう終わったんだ。無用な騒ぎはさっさとやめて解散せんか」

田中少佐は福岡県出身。志願して陸軍に入った職業軍人であった。兵卒から幹部候補生となり、一九四〇年十月大尉に昇進する。同時に、茨城県水戸市郊外の吉田村に開校なったばかりの陸軍航空通信学校第一中隊長に任命された。

一兵卒の叩き上げであったせいか士官学校卒や学徒出陣で入隊した若い幹部候補生出身将校には本能的に嫌悪感を抱き、振る舞いも横柄だった。その反面、上級のものにはやたらへつらい、取り入ろうとする卑屈な面もあり、通信学校の生徒たちの田中少佐を見る目には冷ややかなものがあった。

林少尉に放った一喝にも、「なにをほざくか若造のくせに」、といった田中少佐の軽蔑の感情が含んでいた。これがいっそう林少尉の苛立ちをさそったのだ。「黙れっ。戦争はまだ終わってなどいない」。言いざま腰の銃帯から拳銃を抜き取り引き金を引いた。銃弾は田中少佐のひたいから後頭部を貫通し、その場に昏倒し絶命した。

吹田隆一中尉もその場で刺殺された。吹田中尉は東京帝国大学卒業後、電気通信の専門技術将校として陸軍教導航空通信師団に配属されていた。隣室で仮眠中であったが幕僚室が騒がしいのに不審に思い入室したところで殺害された。松島利雄少尉が軍刀で刺殺したのだ。

吹田中尉にすればとんだとばっちりだったが、林少尉にすれば吹田中尉も決起には否定的立場だったから田中少佐の道連れに、という思いもあった。幕僚室はたちまち修羅場と化した。二つの死体が転がり、床に大量の血だまりができた。

「負けてたまるかっ。俺はあくまで戦うぞ」

叫びを発し、林少尉は岡島哲少佐のもとに駆け込んだ。

「ただいま田中大隊長を射殺してまいりました。ただちに出発を命令してください」

通信師団第二大隊第二中隊本部事務室で詔書放送後の対応について杉茂少佐、荒巻健一郎中尉ら数名の将校と協議を続けていた岡島少佐は林少尉の鬼気迫る表情に腹をくくった。

「わかった。もはや一刻の猶予もない。ただちに決行する」

岡島少佐も決起行動に否定的な田中少佐や吹田中尉の二人が殺害された以上退路は断たれ、もはや徹底抗戦あるのみ、と思わなければならなかった。

林少尉の凶行の背景には八月十五日の天皇陛下の詔書放送をめぐる受諾派と抗戦派

の内部対立があった。詔書放送は陸軍水戸教導航空通信師団の将兵にとっても青天の霹靂であった。日本の勝利を確信し、最後の一兵まで戦い抜く覚悟で将兵は一丸となって本土決戦に備えていた。四月二十一日大本営陸軍部が国民向けに発表した「決戦訓」に応えるため将兵も訓練を実施していたのだ。

「決戦訓」とは「決号作戦準備要綱」と名付けられ、米軍の本土上陸に対抗する国民の決戦意欲喚起を目的とするものだった。

「帝国陸軍は速やかに戦備を強化して敵必滅の戦略態勢を確立し、主敵米の侵寇を本土要域において迎撃す」「国土の特性を活用し、特に軍民一致、挙国皆兵たる伝統の精髄を発揮して作戦目的の完遂を期す」「皇軍将兵は皇土を死守すべし。皇土は天皇在しまし神霊鎮まり給うの地なり。誓って外夷の侵襲を撃攘し、斃死するも尚魂魄を留めてこれを守護すべし」「挙軍体当たり精神に徹し、必死敢闘、皇土を侵犯する者を悉くこれを殺戮し、一人の生還なからしむべし」

受諾容認か徹底抗戦か

田中大隊長も指揮下の部隊を「暁部隊」と名付けて陣頭に立ち、決戦訓の「皇軍将兵は皇土を死守すべし」との気概で夜襲訓練を実施していた。このような最中のところにポツダム宣言受諾を容認する天皇詔書放送だったから陸軍水戸教導航空通信師団は騒然となり、ポツダム宣言をめぐって受諾容認派、受諾拒否、徹底抗戦派、両派の対立も熾烈化するのだった。

田中友道師団長が翌十六日早朝、副官の山口敦中尉をともない、直属の陸軍航空本部まで自動車を飛ばしたのはこのためだった。田中師団長も詔書に対し半信半疑だったから真偽を確かめたかったのだ。陸軍航空通信学校経倫第一「指導理念」、第二項の「絶対不敗・絶対必勝」が口癖で、皇軍不滅の信念はいささかもゆるがない豪放な性格の軍人であっただけに田中師団長も、よもや連合国に日本が降伏するなど想像もしないことだった。

田中師団長は日清戦争開戦の年の一八九四年山口県に生まれ、陸軍士官学校第二七期卒業後、一九一五年工兵少尉に任官、軍人として第一歩を踏み出す。この後陸軍大学校に進み一九二四年卒業。陸軍省軍務局課員、飛行第六〇戦隊隊長、さらに航空輸送部長等を歴任し、一九四四年八月陸軍少将に昇進する。これにともない陸軍航空通信学校長に奉職した。同学校は一九四五年五月、陸軍水戸教導航空通信師団に改編され、航空、船舶などの電波通信要員を養成する教育機関から戦闘集団に転換し、田中も少将から中将に昇進する。

やや話の筋が横にそれるが、上野事件には陸軍水戸航空通信学校出身の下士官も関与していたのでついでゆえここで同通信学校の沿革をおおまかに触れておくのもいいだろう。

我が国陸軍航空の発展は一九一〇年十二月、陸軍の代々木練兵場において日野熊蔵中尉操縦の飛行機が初飛行に成功したことで幕が開いた。これを契機に一九一九年埼玉県所沢に陸軍航空学校が開校し、フランス空軍のフォール大佐率いる航空団を招聘し、操縦員の養成とともに無線機の装置および送受信の操作技術などについての教育が始まった。

さらに一九二一年四月、陸軍航空学校は千葉県下志津と三重県明野に分校が設立され、下志津において若い士官、下士官を対象に本格的な航空通信要員育成の教育がおこなわれる。

けれどこのころはまだ航空機も無線機も、電波も未発達で性能はきわめて悪く、送受信の機材の不足もあり、教育する側もされる側も満足なものではなかった。

第一次世界大戦で航空機が使用され、実戦化が実証されたことやこの後のワシントン海軍軍縮会議等で戦艦建造に制限が加えられたことで相対的に航空機需要が増し、操縦、通信整備等の人員養成も急がれた。

昭和に入ると航空機需要が一段と増し、これに比例して航空機関連要員の充実、技術向上、通信機器開発等がいっそう求められ、官・軍・民挙げて取り組みを強化する。

そのためこれらの教育機関も既存の施設だけでは手狭となり、一九三八年七月の勅令四六九号にもとづき茨城県那珂郡前渡村（現ひたちなか市）に水戸陸軍飛行学校があらたに開校し、下志津でおこなわれていた航空通信教育部門がここに移管された。

飛行場と校舎が建設され、陸士出身、幹部候補生出身、あるいは少年飛行兵出身の学生生徒たちが水戸陸軍飛行学校に転校し、飛行実技のほか通信、電波、電気、無線等に関する座学を受けるのだった。

一九四〇年八月にはさらに水戸陸軍通信学校が開校する。航空機の戦略的価値が高まり、優位性の認識も深まったことでより高度で専門的な航空通信の重要性が問われ、同年六月勅令四九九号が発令された。これによって水戸市郊外の吉田村に水戸南飛行場を併設した新校舎が突貫工事で完成し、藤田朋中将が初代校長に就いた。勅令四九九号は同校の開校意義をこのように述べている。

第一条　陸軍航空通信学校ハ学生ニ航空関係ノ通信ニ関スル学術ヲ習得セシメ、通信ニ従事スル少年飛行兵ト為スヘキ生徒並ニ航空関係ニ従事スヘキ幹部候

補生及ビ下士官候補者ヲ教育シ、且航空関係ノ通信ニ関スル調査、研究及試験ヲ行フ所トス
陸軍航空通信学校ニ於テハ前項ノ外戦技其ノ他ニ従事スル少年飛行兵ニ必要ナル航空関係ノ通信ニ関スル教育ヲ行フ

翌一九四一年三月、同校内に第一三航空教育隊が開隊され、少年飛行兵たちの教育訓練が始まり、一九四三年九月には吉田、加古川、尾上に同様の教育隊が発足し充実化をはかる。翌年四月十日には特別幹部候補生代一期が長岡教育隊に入校する。同じく二十九日には神野、新田原、菊池にも教育隊が発足し、特別幹部候補生第一期生の入校が開始される。同年八月には田中友道少将が第五代水戸陸軍航空通信学校長に補職される。

この間には東条英機陸軍大臣、三笠宮、高松宮等が来校し、学生生徒の激励に訓示を述べるなどする。けれど米軍の沖縄本島上陸、あるいは都市部への空襲、艦砲射撃の激化等で戦局はますます緊迫度を深め、我が国は本土決戦態勢へと戦略転換がはかられる。

そのため水戸陸軍航空通信学校も一九四五年五月、陸軍水戸教導航空通信師団へと

改編し、教育機関から実戦部隊に転換する。同時に吉田、長岡、新田原などの教育隊は廃止され、学生生徒たちは下士官将校となって実戦部隊に配属された。

ここで陸軍水戸教導航空通信師団と航空本部との編成の概略を記すと、陸軍航空本部→陸軍航空通信学校学校本部→吉田・長岡・新田原・神野等各教育隊——となる。

とりわけ吉田教育隊は航空通信学校の本校であった。そのため教育隊の総本山ともいわれ別格だった。じっさい各教育隊から抜擢された優秀な学生生徒は本校に移り、さらに高度な教育を受け、将来の幹部を目指した。

ここから話をもとに戻す。田中師団長を乗せた自動車は航空本部に向かった。同本部は陸軍航空の統帥部であった。田中師団長はここで天皇の詔書が偽りでないことを確認するとともに「終戦受領書」を受け取った。つづいて田中師団長と山口副官は田中静壱東部方面軍司令官のもとに向かい、ここで田中師団長を残して山口副官は「終戦受領書」を携えて水戸の師団本部に引き返した。師団に到着したころには日付も変わり、八月十七日午前一時ごろに達していた。

師団本部といっても木造平屋建の簡素なものだった。二月の米軍機による空襲で水戸市街や航空通信学校がことごとく破壊されたため本校舎（後の師団本部）は水戸市郊外にある水戸徳川旧邸に急ごしらえで建てた本部に移転した。

このとき通信学校の生徒たちも各地区に兵舎を建てて分散した。通信第一大隊は赤塚、第二大隊は三和、第三大隊は日立大甕であった。移転に加えて食料も滞りがちとなってきたため生徒たちは電鍵から鍬、万能に持ち替えて野菜作りや製塩など自給自足を余儀なくされていた。

すでに師団本部には白鉢巻、白襷すがたに九九式小銃で武装した兵士らが周囲を固め、ものものしい雰囲気につつまれていた。なにしろ兵士らは日の丸の鉢巻きを締め、小銃を携えて「神州は不滅なり」「敵に神国日本は渡せない」「徹底抗戦あるのみ」などを訴えながら水戸駅前の繁華街を隊列行進し、気勢を上げたその興奮がまだ冷めていないときだった。山口副官の帰着を待っていた将兵らが取り囲んだ。航空本部からの回答がいかなるものか、早く知りたかったのだ。

「おい、明かりをつけろ」

中隊長が運転手に自動車の点灯を命じた。将校たちは明かりをたよりに山口副官が航空本部で受け取った「終戦受領書」を回し読みした。将校たちはたちまち蒼白となった。天皇詔書は虚偽であれと願ったが、受領書は敗戦が紛れもない事実であることを伝えていたからだ。けれどなおもこれを信じず、拒否するものもいた。

「こんな馬鹿なことがあるか。俺は絶対に認めん」

林慶紀少尉は強硬だった。鳥取市出身の彼は学徒出陣で神戸商科大から陸軍幹部候補生となっただけに意気盛んであり、水戸市中の隊列行進では抜刀して指揮を執る。あるいは田中第二大隊長を拳銃で射殺もしている。松島利雄少尉もそうだった。彼も林少尉とともに田中大隊長の幕僚室に押し入り、決起に冷淡であった吹田中尉を軍刀で刺殺していた。松島少尉も日立工業専門学校を卒業した陸軍幹部候補生出身であった。

航空通信師団第二大隊中隊本部事務室で山口中尉が携えた「終戦受領書」の扱いをめぐって杉茂少佐ら数名の将校たちと協議を続けていた岡島少佐は林少尉の凶行、さらに加えて石原貞吉少佐からも近衛師団決起行動の連携も受けており事態は切迫していた。協議を打ち切り、岡島少佐は各将校に部隊の召集を下命するのだった。

決起部隊は『暁部隊』と命名

「夜中の二時ぐらいでした。突然非常呼集のラッパがけたたましく鳴ったので何事かと思って跳び起きたところ、古参の班長が『急いで中隊に集合せよ』と命令したんです」

岡島少佐率いる第二大隊第二中隊所属の小管照雄兵長はいそぎ軍靴に脚絆を巻き付け、鉄兜の緒を締めて九九式短小銃を携え、中隊本部前庭に集合した。数分後には岡島隊に続いて杉隊も完全武装で集合し、前庭には四〇〇名ほどの将兵で埋まった。

「すでに知っている通り我が国は米英両軍に屈した。だがこれは明らかに敵の謀略かも知れず、我々はポツダム宣言を容認しない。よってこれから上京する。わが部隊はここであらためて暁部隊と名付け、本官が全体の指揮を執る」

この時点で陸軍水戸教導航空通信師団第二大隊四〇〇余名はポツダム宣言受諾拒否を鮮明にし、決起反乱部隊『暁部隊』となった。ただしこの頃はまだ小管兵長のような若い下士官や少年飛行兵などは集合の意味も上京の目的も知らされておらず、命令のままに行動した。

小管兵長は一九四四年四月、陸軍航空通信学校第一期特別幹部候補生として長岡教育隊に入校し、同年十二月に卒業した。

ここで前述したように陸軍航空通信学校出身の下士官が決起反乱事件に参加するという段階にまで筋書きがすすんだので長岡教育隊とは何か、説明しておきたい。長岡教育隊（他の加古川、神野、新田原各教育隊も同じ）は水戸陸軍飛行学校のいわば孫にあたる。両者のあいだには先述したように勅令第四九九号にもとづいて設立された陸軍航空通信学校があるからだ。

水戸陸軍飛行学校は飛行場を併設し、射撃、爆撃など戦闘技術のほか電波、通信技術の養成を目的として陸軍士官学校出身や少年飛行兵などが入校した。さらに航空通信網の拡充や地対空、空対空、地対海などの多様化から専門教育の必要が求められ、水戸市郊外の吉田村に陸軍航空通信学校が開校する。

けれど陸軍飛行学校から電波、兵器関連教育や甲種幹部候補生教育を引き継ぐとともに一九四四年四月特別幹部候補第一期生の受け入れ開始で入校生も増加し、学生生徒の分散化、施設の増設が求められた。これがすなわち長岡、新田原教育隊だ。

特別幹部候補生の採用条件や身分等について勅令第九二二号はこのように定めている。

第二条　特別幹部候補生ハ年齢十五年以上二十未満ノ者ニシテ航空、船舶若ハ通信ニ関スル勤務又ハ陸軍大臣ノ特ニ定ムル其ノ他ノ勤務ニ従事スル兵科又ハ技術部ノ下士官ヲ志願スル者ヨリ陸軍大臣ニ於テ詮衡ノ上コレヲ採用ス

第四条　特別幹部候補生ハ入隊又ハ入校後直ニ一等兵ヲ命ジ爾後概ネ六月ノ後上等兵ニ更ニ概ネ六月ノ後兵長ニ進級セシム

第五条　特別幹部候補生ノ課程ヲ終了シタル者ヲ以テ下士官ヲ補充スル場合ニ於ケル初任ノ官等ハソノ所属ノ兵科部ニ従ヒ伍長トス。但シ中等学校以上ノ課程ヲ終了シ又ハ特殊ノ技術ヲ習得シタル者ニシテ技能特ニ優秀ナルモノハ直チニコレヲ軍曹ニ任ズルコトヲ得

勅令により一九四三年十二月特別幹部候補生の募集が全国一斉に始まった。志願資格は前述した年齢に達し、中学二年生（旧制）程度の学力があるものなら学歴は問わなかった。採用試験は身体検査、口頭試問、学科（算数・作文）などを実施。ただし中等学校長の推薦を受けたものは学科試験が免除された。

これらに合格し、晴れて各教育隊に入校し、一年半の所定の教育を修了したものは兵長に進級と先に述べた。この後さらに六ヵ月、合計二年間は原則現役として兵役に就く。

この後は予備役もしくは本人の希望により引き続き現役として任務につき、陸軍予備士官学校に進み将校への道も開かれている。試験に合格し特別幹部候補生に採用後は本人の適性に応じて飛行兵、船舶兵、通信兵、航空技術兵等の兵種に分けられる。入校後の修学費用は全額官給となり個人負担はなかった。それればかりか階級に応じて

生徒には毎月給与が支給された。

かくして全国から志願者が殺到するなか身体検査、学力ともに合格した第一期生およそ一万名が長岡、神野、新田原等の各教育隊に入校する。このうち長岡教育隊には関東、東北、北海道、遠くは樺太からもやってきた合格者二五〇〇名が入校し、他の加古川教育隊は二〇〇〇名、尾上教育隊は一五〇〇名であったからもっとも多くの生徒が校門をくぐった。そのため長岡教育隊は吉田本校だけでは許容を越えることから本校より南に二キロほど離れた長岡村に新設した校舎に入校する。長岡教育隊という名称は校舎が長岡村に所在することによる。

二五〇〇名の生徒たちは入校後一二個中隊に振り分けられる。各中隊にはそしてそれぞれ部隊名がつけられた。第一中隊から第一二中隊まで順に記すと以下のようになる。伊勢隊、富士隊、三笠隊、吉野隊、五十鈴隊、陸奥隊、長門隊、大和隊、桜隊、十勝隊、出雲隊、日向隊。

長岡教育隊第二中隊（富士隊）を卒業後、小管照雄兵長はさらに通信技術の高度教育を受けるため、神野、新田原等の教育隊からやってきた卒業生五〇名とともに吉田村の本校に配属され、地対空通信の練度を高めた。けれどやがて陸軍航空通信学校は陸軍水戸教導航空通信師団に改編され、各教育隊は廃止される。

中隊前庭に集合した兵員のなかには手拭い、石鹸、股下以外の私物はすべて焼却し、遺書を残すように命じられたものもいた。このうえ岡島少佐の訓示後、彼らは実弾五発、米、水筒が配られたからこれから何が始まるのか不審をいっそう深くするのだった。

小管兵長も身辺整理後急ぎ前庭に走り、集団の後方から岡島少佐の姿を遠くに見ていた。岡島少佐は木箱を台にして立ち、「戦争終結は決して陛下のご意志ではない。これから君側の奸を取り除くため行動を取る……放送局、新聞社を占拠して……」などとさかんに訓示を述べていたが後方の小管兵長にまでその声は届かなかった。

岡島少佐は田中常吉大隊長に変わって臨時の第二大隊長に就いた。彼は三重県出身。旧制村松中学（新潟県）卒業後陸軍士官学校第五三期生となり、一九四〇年歩兵少尉任官、歩兵第三四連隊に配属となる。翌年十一月歩兵第二三〇連隊に移り、中隊長となって華南方面あるいは香港攻略作戦に従軍。この後さらにガダルカナル上陸作戦に参加する。一九四四年三月航空士官学校隊付きを拝命し内地帰還となり、つづいて一九四五年五月、陸軍航空通信学校に転任し、水戸市に赴き、八月十五日を迎えるのだった。

岡島少佐は荒巻中尉を筑波山麓に駐屯する津田耕作少佐のもとに派遣し、同一歩調をとるよう説得にあたらせた。岡島少佐と津田少佐は陸士五三期。同期生であった。このことから津田少佐には天皇の退位を迫るとともに日光の南間ホテルに疎開中の明仁皇太子を擁立して戦争継続をはかる意図から津田隊の日光進軍をくわだてた。

荒巻中尉は岡島少佐の意図を口頭で説明した。荒巻中尉は長岡教育隊時代は大七中隊、長門隊の中隊長であった。彼は毎朝、両手に白手袋をはめて軍人勅愉を奉じ、直立不動の姿勢で朗読するのを隊務の始まりにしていた。

荒巻中尉の説得はけれど功を奏さなかった。航空通信師団とは兵種も指揮系統も違う。部隊移動の余力はない、すでに兵員の復員もはじまっているなどを理由に津田少佐は応じなかったからだ。

岡島少佐は同じく五三期の飯高準少佐にも連絡を取り、決起を促した。飯高少佐は長岡教育隊第一二中隊長から加古川教育隊に転任し、生徒たちに戦術を教える錬成作戦主任の要職にあった。陸士五三期といえば略帽に赤色の締紐を着用したことから「蹴癖馬」との異名があり、荒っぽい気風で一目も二目も置かれていた。じじつ飯高少佐もそのひとりだった。

本土決戦に敗れたら関東北部の山岳地帯に立て籠もり、馬賊となって米軍に徹底抗戦する、これを口癖にしていた。これを知る岡島少佐はだから同期の彼に決起を呼びかけたのだ。しかし飯高少佐も復員業務の多忙から返答は留保した。岡島少佐は結局自前の航空通信師団のみ四〇〇名で決起するほかなかった。

上り列車を確保せよ

暁部隊は岡島隊を先発とし、杉隊を後発とする、二隊に分けていた。先発組は隊列を組み八月十七日午前二時ごろ師団本部を出発。桜山の坂道を下り、千波湖畔に通じる暗夜の砂利道を粛々と行進しながら常磐線水戸駅に向かった。途中、前照灯を点けた軍用トラック一台が猛スピードで隊列の横を通過した。おそらく警備隊と思われるがとくに警告を発するでも、行進を妨害するでもなかった。

先発組が出発したあと一二中隊日向隊のなかから数名が名指しされ、田中常吉少佐の遺体収容がなされていた。林少尉が撃った銃弾は田中少佐の額から口頭部を貫通し、即死状態だった。指名された彼らは「屍衛兵」となり、額の部分に当てられた脱脂綿が血でにじんでいる田中少佐の遺体を包帯で幾重にもぐるぐる巻にした。荼毘にふさいには田中少佐の妻と中学生の子息が制服姿で付き添っていた。

小管兵長と橋本哲男兵長は先発組よりひと足早く水戸駅に着いていた。岡島少佐より上り列車の確保を指示されていたからだ。空襲で水戸駅は全壊し、貨物車両を駅舎がわりに使用するありさまだった。深夜でもあり、駅長はおらず助役が対応した。九九式短小銃で武装した兵士が押し入り、大声で命じた。

「上り列車を用意しろ。今すぐだ」

橋本兵長が助役を脅した。橋本兵長は長岡教育隊では第一中隊伊勢隊に在籍していた。助役はガタガタ震え、狼狽していた。深夜兵士が乱入。そのうえ突然無理難題。助役は声も出ずうろたえるばかりだった。続いて小管兵長がかさねて恫喝した。

「さっさとしろ。言われた通りにしないと引き金を引くぞ」

集合場所で実弾を配られ、その場で装填もしていたから撃鉄を起こせばいつでも発射できる。ただ小管たちに射撃の経験は少ない。通信兵を揶揄して「三に無線の大ゆるみ」といった。つまり無線や電波の送受信を扱う通信兵は歩兵のように体力を使うことはない。しかも電鍵を打つため指先や手首の保護上重量のあるものは持たない。

このことからやや嫉妬をこめてそういうのだった。では一と二は何かといえば、「一にヨーチ二にラッパ手」だった。ヨーチとはすなわちヨードチンキのことであり、衛生兵や医務官を指す。

助役は鉄道電話を使ってあちこちに電話をかけた。けれどどこも列車に余力などなかった。復員兵や疎開住民で列車はどこも超満員。客車では間に合わず無蓋の貨物列車を動員してもまださばき切れないほどだった。小管兵長はジリジリした。それでなくても夏の夜明けは早い。無為に時間をついやしておれない。だが押し問答しているところに折よく青森行夜行列車が水戸駅に到着した。岡島隊もこの頃には水戸駅に到着していた。岡島少佐は夜行列車に目をつけ、乗客に理解を求めるため説得に当たった。

夜行列車には復員兵も乗っており、「そうだ、その通りだ」「頼むぞ、頑張ってくれ」。かえって激励の声さえあがり、決起部隊に理解を示した。乗客は下車して次の列車を待つことになり、青森行夜行列車は急遽方向転換し、上野駅に向かった。八月十七日早朝午前五時ごろだった。

車中で兵員たちにたばこの「誉」が配られ、小管兵長ら航空通信学校卒業仕立ての若い下士官は初めてたばこというものを吸った。ずっと緊張の連続だったところがこれでいくぶんほぐれ、雑談とともにさまざまな噂話も始まった。「敵が上陸して東京は占領されたってよ」「男は敵に捕まって全員捕虜だっていうじゃねーか」「俺たちも捕まれば同じ目に会うかも……」。

すでに夜は明け車内には明るい陽光が射していた。突然、「窓を閉めろ。鎧戸を下げろ」と小隊長の指示が飛んだ。決起部隊の上京を妨害する阻止グループを牽制する措置だった。同時に小隊長から初めて上京の目的がはっきりと伝えられた。

「我々は我が国の降伏を認めず、あくまでも戦い抜く覚悟だ。これから宮城や放送局に乗り込んで徹底抗戦を国民に訴える。おまえたちもそのつもりで俺についてこい」

小隊長はつづいてこの時、阻止グループの発砲を危惧し、石岡駅や土浦駅、松戸駅など主要駅を通過するさいには窓も鎧戸も閉めたうえ床に身を伏せることも指示した。

一方、別の車両では岡島少佐ら将校グループが上京後の行動計画を協議し、宮城、国会議事堂、放送局などの占拠が確認された。けれど放送局の所在地を知るものがおらずこれは早々に断念する。

下車駅も、当初予定した上野駅からひとつ手前の鶯谷駅で下車し、徒歩で上野公園の西郷隆盛の銅像下に集合することで合意した。上野駅では阻止グループが待ち構えているかも知れず、銃撃戦ともなれば乗降客に被害がおよびかねず、無用な混乱は避ける、という配慮からだった。

上野美術学校に宿営

常磐線上り方面は三河島駅を過ぎたあたりから左に大きくカーブしながら日暮里駅、

鴬谷駅、上野駅へと向かう。途中懸念された阻止グループの妨害も受けず列車は利根川、江戸川などの鉄橋を渡り首都に入った。そこで岡島少佐は鴬谷駅と上野駅との中間、線路上に列車を停車させ兵員の一斉下車を命じ、上野公園の西郷まで走らせた。銅像下に集合したころには午前九時をまわっていた。

集結後兵員たちは又銃し、配られたにぎり飯で腹ごしらえをしながら西郷銅像の下で休憩をとった。このとき兵員たちは、食べ物を求めて集まった浮浪者の群れに面食らった。上野駅界隈やガード下、あるいは地下鉄銀座線の地下道には戦災孤児や住居を失った野宿者がたむろしていたのだ。

かねての予定通り上京後の計画を実行するため岡島少佐は小隊長を通して矢継ぎ早に指示を飛ばし、情報収集につとめる。飯田兵長は長岡教育隊では第一中隊伊勢隊に在籍していた。上野公園に近い下谷郵便局で自動車を調達すると士官学校あるいは千葉県の連隊司令部などを往復し、決起行動の説得にあたった。士官学校では炊きたてのにぎり飯をふるまわれたが肝心の決起行動はけんもほろろに拒否されている。

川田景一兵長もにぎり飯を食い終わると間なしに上野から水戸までとんぼ返りした。トラックの運転手ら七名とともに食糧の運搬を命じられたのだ。岡島少佐は決起に備えてあらかじめ醤油、味噌、米、缶詰などの食糧を中隊本部の地下に秘匿していたのだ。川田兵長が食糧調達役を命じられたのは秘匿に従事していたので場所を知っているからだった。

川田兵長はこのほか八月十六日、林少尉らと水戸市街をデモ行進したさいには「神州不滅！　一億国民総決起せよ！」とガリ版刷りした檄文を通行人にばらまく、あるいは電柱に張るなどして決起行動には積極的に関わった。

岡島少佐も野営交渉のため上野美術学校に赴いた。いつまでも西郷銅像下にとどまっていられない。完全武装の兵員の大挙駐留は好奇の目で見られるだけでなく憲兵隊の疑惑も受けかねない。要望を受けた上野直昭美術学校長は岡島少佐との交渉を日記でこのように述べている。

「八月十七日。鎌倉九時十分発。武見に寄りて十二時過出勤。食事して課長室に入り、村田、山下、岡田、吉田、後に石井、前田等参加。天下の情勢を聞く。海軍飛行隊司令より戦争継続のビラ散布（略）陸軍通信部隊、任地に行けず、学校に一泊したいという。少佐隊長挨拶に来たる」

任地も一泊もむろん岡島少佐が咄嗟に思いついた方便であった。事実を話せば拒否されるにちがいなかった。実際そうされている。上野校長より校舎使用の理解を得た岡島隊は移動を開始し、校舎を宿営地にした。学校には学生はおらず校舎はほとんどがら空きだった。けれど翌日には宿舎提供に上野校長はやや難色を示している。このことを日記でこう述べている。

「八月十八日十時十分出勤。村田の部屋に行くと山下がいる。いわく、昨夜一泊する軍隊は特攻隊らしき観あり。よって長く滞留することは迷惑であり、文部省および東部軍の承認を得る必要がある旨のを先方に通知しおけり（略）」

後発隊も上野に向かう

第二陣は杉茂少佐が指揮を執った。杉少佐も陸士五三期。一九三七年四月市ヶ谷台の陸軍士官学校に進み、岡島少佐とともに机を並べた同期だった。陸士卒業後杉は航空隊に進んだ。一九四一年十一月満州チチハル、四二年十月スマトラ、豪州、ニューギニアなどを転戦後四五年五月航空通信学校に赴任し、第二大隊付きとなった。航空通信学校第一中隊卒の兵員五〇名を率いた杉少佐は午前八時半水戸駅を出発し上野駅に向かった。このとき杉隊は兵員のほか六台の荷馬車で武器弾薬、食糧を運び、水戸駅で列車に積み替えていた。

じつは第一二中隊日向隊出身の奥山善英兵長や大屋敷豊雄曹長のように決起に同意したものの、列車の到着の遅れや乗車駅が水戸駅ではなくひとつ手前の偕楽園駅であったため上京できず、参加を断念して師団本部に引き返した小隊もあった。

松島少尉も後発組であった。茨城県日立の多賀工業専門学校を卒業後日立製作所系列会社に就職したが幹部候補生に志願し、少尉任官と同時に長岡教育隊に配属となり、第三中隊三笠隊長に就き生徒指導にあたった。

水戸駅は乗降客でごったがえしていた。なにしろ駅舎は空襲で全壊し、改札口もホームもないありさまだった。人込みのなかで松島少尉は多賀工業専門学校の学帽をかぶった学生を見つけた。学生たちは夏休みを返上して軍需工場に動員されていたのだ。

後輩を見つけた松島少尉は彼らに近づき、「これを届けてくれ」と名刺を渡した。名刺の表には氏名と肩書が印刷されている。けれど住所はなかった。そのため松島少尉は水戸藩儒学者の藤田東湖生家の正面が自宅であると伝え、道順を教えた。

名刺の裏には鉛筆で、「母上様、妹ヨ、トシ坊ヨ、征キマス」としたためていた。妹とは妻のことであり、トシ坊とは生後八ヵ月の長女トシ子であった。

簡潔な言葉ながらすでに死を覚悟する松島少尉の心情は学生たちにも読み取れた。この思いは松島少尉がこう付け加えたことでいっそう深まる。

「これから私は宮城に赴き、陛下をお守りしなければならない。天皇の奸側どもが日本を欺いておりこれを許すわけにはいかない。学校に行ったならこのことをみんなに伝えてくれ」

そこで松島少尉は工専の教員であり同輩の名を伝えた。約束通り後輩は松島少尉の伝言を教師に伝えた。ところがこれが思わぬ波紋を呼ぶことになった。松島少尉の伝言は学生たちのこころを揺さぶり、校内決起に発展したからだ。

「このままでいいのか」「俺たちもあとに続くべきじゃないのか」「先輩の死を無駄にはできない」

学内はたちまち騒然となり、早くも毛筆で「神州不滅　一人となるも聖戦完遂」との檄文をしたため、日立市街や沿岸防備に駐屯する高射砲部隊におもむき、檄文を渡すとともに決起を求めるのだった。しかし学生たちの至純な行動も不発に終わった。

後発の杉隊も十七日午後には上野公園に到着し、岡島隊に合流した。翌十八日も男島少佐は各地に部下を派遣し決起行動の同調を求めるとともに情報収集につとめた。このなかには荒巻中尉が十六日に尋ねた筑波山麓に駐屯する津田少佐のもとに再び数名の将校を遣わし、奥日光に疎開する皇太子奪取をかさねて要望した。けれどやはり津田少佐の翻意は得られず上野公園に引き返してくる。

前田恒夫中尉も、都内在住で陸士五七期の同期生宅を尋ね、部隊の動向などを聞き出していた。当然のようにかんばしい情報は得られなかった。ただこのとき前田中尉は調子の悪い拳銃を彼が所持するドイツ製の拳銃と交換し、実弾数発を受け取っていた。ついでに伸びた髪を散髪しもらい、一部を遺髪として三重県津市の生家に届けてくれるよう依頼するのだった。

近衛師団の決起に呼応

学生のいない上野美術学校はほとんど空室だった。上野の山といわれるように上野公園は小高い丘になっていた。丘の上に立つと遮るものもなく焼け野原となった浅草、深川方面が見渡せた。空室を決起部隊の本部がわりに使用し、岡島少佐は部下が持ち帰った情報をここに集めた。

本部前の木立の枝には『昭和勤王彰義隊』の幟がはためいていた。誰がしたためたか不明だが、彰義隊といえば大政奉還などに反対する幕臣たちが上野の山に立て籠もり官軍と戦闘を交え、体制にあらがったいわば反政府軍であった。幟をかかげた人物は自分たちの決起行動を彰義隊になぞらえたのに違いない。

部下が持ち帰った情報はしかしいずれも否定的なものばかりだった。それでも岡島少佐は希望を失わなかった。近衛師団参謀の石原貞吉少佐との連携は継続していたからだ。

石原少佐は陸士四七期。岡島少佐は陸軍士官学校時代の教え子だった。戦争継続を主張する石原少佐は古賀秀正少佐とともに陸軍省軍務課員の椎崎二郎中佐や畑中健二少佐らの徹底抗戦に同調して近衛師団隷下部隊を動員し、宮城占拠ならびに鈴木貫太郎首相など終戦派重鎮の身柄を監禁、首都戒厳令の布告を画策した。

石原少佐は教え子の岡島少佐に同調を求め岡島少佐もこれに同意し、ただちに陸軍水戸航空通信師団に決起部隊を編成した。これが水戸事件の発端であった。ただしこのとき田中友道師団長は不在だった。天皇詔書の真偽を確かめるため航空本部に出張中だった。岡島少佐ら暁部隊の決起行動は師団長の留守中に発生し、田中師団長の命令も受けておらず軍規にもとる行動であった。

岡島少佐の決起はしかし近衛師団の決起行動より数日遅れていた。そのため上野公園に到着したころにはすでに近衛師団の決起行動は失敗に帰し、椎崎、畑中両名は八月十五日午前十一時二十分、坂下門と二重橋の中間にあたる芝生の上に端座し拳銃自決を遂げていた。だが八月十九日時点ではまだ岡島少佐はこれを知らなかった。

畑中少佐は竹下正彦中佐、椎崎二郎中佐らと聖戦貫徹を共謀し、近衛第一師団に同調を求めるため師団参謀の古賀秀正、石原貞吉両少佐に動員を働きかけるとともに竹橋の近衛第一師団司令部に向かい森赳師団長に決起を迫った。森師団長は当初こそ強硬に反対したが畑中少佐の説得で次第に軟化し、「水谷一生参謀長に会って意見を聞くように」とまで理解がすすんだ。それにもかかわらず森師団長は殺害された。

説得途中畑中少佐は、竹下中佐に連絡があるといって中座。ふたたび師団長室に戻って来たときには窪田謙三少佐と上原重太郎大尉をともなっていた。惨劇はそして入室とほとんど同時に起こった。畑中少佐は師団長室に入るやふたたび強硬に決起を主張したため森師団長に一喝された。そこで畑中少佐は窪田、上原両名の入室を合図。両名は抜刀してまず白石通敬中佐を袈裟掛けに切りかかった。白石中佐は森師団長の義弟。森師団長をかばって前に立ちはだかったのだ。

白石中佐がその場に昏倒すると今度は畑中少佐が森師団長に拳銃を撃ち放ち射殺する。畑中少佐はすぐさま隣室の参謀室に駆け込み、「後を頼みます」と言い置き皇居に向かった。参謀室には椎崎、石原、古賀らがおり、すべてを察した石原少佐はかねての手筈通り師団長の命令書作成にあたった。命令書とはこのようなものであった。

近衛第一師団作戦命令　八月十五日午前零時近衛第一師団司令部

一、諸般ノ情勢ヨリ察スルニ、米軍ノ本土上陸ハ近日中ト予測セラル
二、師団ハ主力ヲ以テ宮城ヲ、一部ヲ以テ放送局ヲ遮断シ、陛下ヲ奉護シ奉ラントス
三、近衛歩兵第一連隊ハ速ニ営庭ニ集合シ、爾後ノ行動を準備スベシ
四、近衛歩兵第二連隊ハ更ニ大隊ヲ宮城内ニ増加シ、前任務ヲ続行スルト共ニ宮城内通信網ヲ遮断スベシ
五、近衛歩兵第六連隊ハソノ一二大隊ヲ以テ大宮御所ヲ守護シ奉ルベシ
六、近衛歩兵第七連隊ハ主力（二大隊半）ヲ宮城前広場ニ集結シ、ソノ一中隊ヲ以テ放送局ヲ占拠スベシ

命令書は師団長名で発せられた。けれどすでに森師団長は畑中少佐によって殺害され存在しない。したがって命令書は「ニセ命令」ということになる。ただし各連隊長はこの事実を知らず、第二連隊は命令通り皇居内の門を閉鎖し、紅葉山の通信所も占拠する。

畑中少佐は東部軍司令部に決起を促すため井田中佐を第一生命ビルに向かわせると

自分は近衛第一連隊一個中隊が占拠した内幸町の放送会館に向かった。ここでラジオを通じみずからの声で全国民に徹底抗戦を訴えるつもりであった。

一方近衛第二連隊は、録音に携わった下村宏情報局総裁ら関係スタッフが宮内省から皇居にもどり坂下門に入ったところで自動車を停車させ、そのまま全員を拘束して大内山の部屋に監禁し、天皇陛下の録音盤を見つけ出すため皇居内をくまなく捜索した。

天皇陛下の詔書放送の録音は八月一四日午前零時ごろ、宮内省の天皇の仮り執務室で行われていた。録音盤は徳川義寛侍従に渡されたのち彼の機転で皇后宮事務室の金庫に保管された。これが功を奏し、近衛兵たちは結局録音盤を発見できなかった。

畑中少佐の決起計画はことごとく失敗する。村田中佐による東部軍司令部の同調は得られず、天皇詔書の録音盤も発見できず、みずからラジオのマイクの前に立って全国民向けの決起声名も放送できずに終わっている。

しかもこのうえ井田中佐から森師団長の殺害、近衛師団の行動などを伝えられた田中静壱軍司令官はこれに驚き、ただちに皇居に向かい近衛連隊に対する命令は「ニセ命令」であることを告げ、即刻解散を命じるのだった。畑中少佐、椎崎中佐の決起計画は万事休すであった。この責任を取り、自決したことはさきに述べた。

近衛師団決起失敗の事実を岡島少佐が知るのは八月十九日午後だったから事件発生から四日もすぎていた。各方面に情報収集に向かっていたわりには肝心の情報は抜け落ち時間だけを空費していた。

杉少佐と前田中尉は情勢確認のため陸軍航空本部に赴いた。寺本熊市本部長は天皇詔書放送後自決されたため川嶋虎之輔参謀長の対応を受け、近衛師団決起は数日前に終息し畑中少佐らも自決したことを初めて知らされた。このうえ杉少佐は村田謹吾中佐や土井三吉少佐から、「すみやかに部隊を撤収されたい。もし今夜七時までに全員引き上げなければ東部軍を出して鎮圧せざるを得ない」との最後通告さえ言い渡されるのであった。

どれもが初めて知る事実であった。杉少佐は愕然とし、肩を落とした。情報不足を悔やまれたがすでに時は遅かった。我が国の命運はもはや決していた。ポツダム宣言を受諾した日本陸海軍は連合国に無条件降伏し、軍門に下った。この現実を覆すことは到底不可能。このさきもなお抵抗を続ければ友軍と相討つことになりかねず、いずれ自分たちも畑中少佐と同じ運命をたどることになる。

杉少佐は土井少佐の説得でこのことにようやく気づくのだった。じじつ航空本部訪問を契機に暁部隊の将校たちが保っていた一枚岩の結束が瓦解し、悲劇的結末へと一気にかたむく。

帰隊始まる

最初に動きを見せたのは杉少佐だった。航空本部の土井少佐から受けた忠告を岡島少佐に報告すると杉少佐と前田中尉は教室に設けた自室に戻りかけた。撤収を実施するためだ。このとき脅すような声が背後でした。

「どうしても引き揚げるつもりですか中尉殿は」

振り向くと林少尉が拳銃を抜き、身構えていた。林少尉にすれば田中常吉少佐を射殺した時点ですでに退路は断っていた。それだけに撤収に応じる前田中尉の行動は敵前逃亡にほかならず看過できなかった。

「あぁ、そのつもりだ。戦争はもう終わったんだ」

林少尉の眉間が動いた。戦争は終わったというあとの言葉が彼の殺意をはげしくさせた。けれどすぐさま岡島少佐が制止した。

「よせ、林」

岡島少佐の声でひとまず事なきを得た。ひとまずといったのは、林少尉の一途な情念はやがて暴発し、事態の混迷に拍車をかけることになるからだ。前田中尉は部下の寺島季雄少尉に、部隊を掌握したうえで帰隊を命じた。

八月十九日夕刻、第一陣として寺島小隊が上野美術学校の裏門を抜けて上野駅に向かった。前田中尉も隊列の最後尾につき、全員が駅のホームに整列したのを見届けたところでふたたび美術学校に引き返す。この途中、駅の階段を降りたところで偶然土井少佐に出会った。土井少佐には航空本部に出向いたさいに撤収を説得され、自重を求められていた。そしてそれを実行したばかりだった。

「いましがた自分の隊を原隊復帰させたところです」

前田中尉は忠告にしたがったことを告げた。

「おぉそうか、よくやってくれた」

土井少佐は安堵の表情を見せた。あとは残りの全部隊を水戸に撤収させるだけだった。これを実施させるため土井少佐は美術学校にやってきたのだ。

上野美術学校の正門を入ると右手に椎の大木がそそり立っている。大木の下を通り抜けると正面玄関になりロータリーになっている。そこではいま暁部隊の将校のほか航空本部、東部軍司令部、東京湾兵団の参謀ら十数名が戦争継続か撤収かをめぐって円陣会議がおこなわれている。

「陛下のご意志はラジオ放送で示され、我が軍の運命は決したのだ。今は無益な内輪もめなどしている場合ではない。いますぐただちに撤退してもらいたい」

ここでも土井少佐の言葉は同じだった。ただ違ったのは、航空本部で杉少佐に伝えたときは撤収時間を午後七時としたが午後十一時まで延長されたことだ。

「何を言うのか。あの放送は終戦派の謀略であり陛下のご本意ではない。我々の意志はこのまま断固戦い抜くことに変わりはない」

東京湾兵団参謀の中島憲一郎中佐はあくまで戦争継続をつらぬく構えだった。中島参謀も奥日光に疎開中の皇太子を奉じて聖戦継続を強硬に主張していた。そのためじっさい皇太子を護衛する近衛儀杖隊の田中義人司令に同調を求め奥日光に自動車を飛ばしていた。

林少尉も中島中佐の言葉に続いた。

「広島に落とされた新型爆弾はマッチ箱程度の大きさにすぎない。三五〇キロ爆弾に耐え得る防空壕があれば大丈夫であり、近々我が国でも製造されるから続行は不可能じゃない」

しかし石原少佐も土井少佐と同意見だった。

「もう少し早く上京していれば我々に同調できたかも知れないが、今となっては遅すぎかえって国内を混乱させるだけだ。戦争は終わったのであり我々は負けたのだ。これは紛れもない事実だし謀略でもなんでもない。陛下のご意志を本当に思うならいますぐ水戸に帰れ」

近衛師団の決起失敗後石原少佐は東京憲兵隊に身柄を拘束された。それがここにいるのは、岡島少佐は陸軍士官学校の教え子だったこと、近衛師団の決起事件に誘い込んだこと、自分たちの決起失敗が岡島少佐たちを窮地に追い込んだこと——これらに対する責任から憲兵隊に説得役を申し出て上野美術学校にきていたのだ。

修羅場と化した正面玄関

継戦か撤収か。参謀たちの協議は続いた。けれど土井、石原両少佐の懸命な説得で形勢は次第に撤収にかたむき、岡島、杉両少佐をはじめ決起部隊の大方は撤収に同意をしめした。納得しないのは林少尉だけだった。撤収など論外なのだ。

林少尉は石原少佐を睨み据えた。石原少佐はけれど視線を合わせず副官とともにふたたび自動車にもどり、帰りかけた。林少尉はつられるように立ち上がった。その瞬間、すかさず右側の銃帯から拳銃を抜き取り二発、石原少佐の腹部を撃ち抜いた。無言のまま石原少佐はその場に崩折れた。二人の副官は咄嗟に自動車の陰に逃げ込み、応戦の構えを見せた。けれとそれでとどまり、銃撃戦にまでは発展しなかった。

憲兵隊を出るとき石原少佐は藤野鸞丈東京憲兵隊中佐から「死ぬんじゃないぞ」と念を押されていた。それはこのときすでに石原少佐は死を覚悟していたからだ。

射撃音を聞いた前田中尉はいそぎ円陣会議の場に走った。撤収が決定し、第一陣を送り出していたので自室に戻って荷物をまとめ、自分も撤収準備をしている矢先に銃声が聞こえたのだ。すでに石原少佐は血みどろの状態で絶命していた。

林少尉の暴走はなおもエスカレートし、まさに錯乱状態だった。田中常吉少佐につづいて石原貞吉少佐を射殺し、さらに今度は杉茂少佐にまで銃口を向けたのだ。杉少佐は残存部隊を校庭に集合させ、小隊ごとに順次原隊復帰の準備を始めていた。

「少佐殿も帰られるんですか」

「あー、帰る。ここにはもう用はない」

林少尉の右指がかすかに動くのを杉少佐は見た。けれどこれより早くかたわらにいた荒巻中尉の軍刀がひらめき、林少尉の右手首を斬り、さらに返す刀で背後から袈裟掛けに斬りかぶった。臀部は斬り裂け、尾骶骨《びていこつ》が露出するほどの深手だった。けれど気丈夫にも林少尉は振り返って荒巻中尉を睨み据え、さらに自分の腹部に一発撃ち抜き、膝から前のめりに崩折れた。男島少佐は駆け寄り、抱き起こして叫んだ。

「しっかりしろ、林。何か言い残すことはないか」

すでに意識は朦朧としている。けれど声をふりしぼり林少尉は最後の言葉を言い残そうとしている。

「身の回りは整理して来た。思い残すことはもう何もない。こんなけがらわしい国なんかに生きたくない。国体護持を念じて死んでゆく……苦しい……早く殺してくれ」

涙でかすんだ岡島少佐にはできなかった。血刀のまま棒立ちしていた荒巻中尉がふたたび軍刀をかざし、林少尉の首をはね止めを刺した。

上野美術学校正面玄関前はたちまち凄惨な修羅と化し、いくつもの血だまりができた。それにもかかわらず惨劇はこれで終わらなかった。正面玄関での一部始終を見届けた松島少尉は無言でその場を離れ、自室がわりに使用していた教室にもどったところで小銃の筒先を口にくわえ、爪先で引き金を引いた。

田中大隊長につづいて石原少佐までも殺害した林少尉は自決した。吹田中尉を刺殺した自分が生き残るわけにはいかない。すでに覚悟はできており、名刺の裏に妻子に当てた決別の言葉は残している。松島少尉も自決し、これらにけじめをつけた。

前田中尉も腹を括った。部下に命じて残った食糧とできるだけ多くの兵員をトラックに乗せて水戸に帰還させたのを待ち、校庭のはずれに繁茂する熊笹の陰で、かねて申し合わせていた太田中尉と刺し違え自決する覚悟であった。けれど寸前のところで星少尉に制止された。まずは全部隊の帰還が先決であり指揮官が不在では兵が困る。自分の進退はこの後でも遅くない、と説得されたのだ。

時計の針は八月十九日午後十一時をまわっていた。すでに校庭から決起部隊の兵員は立ち去り、原隊帰還の途についている。翌日早朝、校舎裏の雑木林で林・松島両少尉の遺体を荼毘に付し、二つの木箱に遺骨を納めた。

この後残務整理に残っていた岡島少佐は遺骨を助手席に乗せ六名の兵員とともにトラックで帰路に向かった。トラックの土埃も消え、上野美術学校には以前の静けさがようやくもどった。この間の顚末について上野校長は日記にこう書き留めている。

「八月二十日（火）十一時十分出勤。直ちに山下、大友来たり。報告に曰く。昨夜宿泊部隊に破裂あり。すでに度々慰撫に来たりしも効なかりし処昨夜師団より某参謀、随員一人とともに来たり。全員を集めて訓辞し、更に隊長某少佐を傍らに誘い、激論しあり処、部隊の某少尉発砲して参謀の少佐を倒し、自分はまた切られて倒れた。更に別の一少佐は退きて自刃せりと。其の後憲兵隊、航空本部より出張ありて、死体及び兵は上野駅より原隊水戸へ帰れりと。途中にて一人剣にて首を刺し、出血多量のため死するものありと。陸軍航空本部より陸軍少佐土井三吉の名刺を持参。橋爪中尉なる人挨拶に来たり（略）陸軍航空本部の陸軍大佐皆本勝雄、昨夜の事件につき校庭を汚せしとし挨拶に来たる。金品持参。会計に託す」

岡島・杉両少佐自決

原隊に帰還したものの兵員たちのこころは落ち着かなかった。小管兵長や飯富武兵長らは上官から、「君たちには責任はない。軽はずみな行動はするな。冷静にせよ」と何度も諭された。とはいえ天皇の詔書放送に背いて決起反乱した反逆者。軍規に違反し国賊としての処罰を免れないことを恐れ戦々恐々としていた。じっさいその時にそなえて兵員たちには身分を証明する軍隊手帳の焼却、あるいは使用した小銃を油紙につつんで土の下に隠すよう命じられていた。

兵員にしてこうであれば決起の首謀者たちにはより冷厳な結果が待っていた。じじつ事態は上野美術学校解散で終息したわけではない。むしろきわめて深刻な方向に進んでいた。田中友道師団長が最終的に下した首謀者に対する裁可は「自決せよ」、これであった。

田中師団長は皇軍不敗、陸軍絶対勝利が口癖の豪胆な性格から飲酒にまつわる醜聞も少なくなかった。日立や勝田方面が米軍の艦砲射撃で壊滅的な被害を出した七月十六日の夜も吉田村の村長と酒杯を交わし、酩酊状態で適切な反撃行動がとれなかった。あるいは酒宴から師団に帰路途中、空襲で廃墟と化した水戸市街を自動車から目撃していっぺんに酔いが醒め、「これはいったい何なんだ」と驚きの声を発したから同乗していた副官の山口敦中尉はむしろその声のほうにこそ驚くのだった。

空襲ごときで衛兵所が焼失しては陸軍水戸航空通信師団の名がすたるとの気概で大屋敷豊雄軍曹は軍刀を腰に単身衛兵所の屋根に登り、B29から投下された大量の焼夷弾の火の粉を板切れで払いのけ、おかげで衛兵所の類焼はくい止めた。田中師団長の不在中の師団司令部は猛火につつまれ無残にも焼け落ちた。

暁部隊の決起行動は田中師団長が山口副官とともに陸軍航空本部に出張し、留守中に引き起こされた。したがって田中師団長が決起を知るのは八月十七日であり、決起部隊が上野美術学校に籠城したあとだった。

絶対不敗を信じて疑わず、若手参謀もひるむほどの血気盛んな将軍ではあったが、さすがに天皇詔書にそむく行動までは看過できなかった。とはいえ軍法会議にかけることは彼らにとって不名誉であり耐え難い屈辱でもある。自決は、田中師団長が見せたせめてもの武士の情けであった。田中師団長自身も統率者としての責任を問われ、後日重謹慎十五日に処せられている。

もとより岡島少佐らに不服はない。すでに五名の犠牲者を出している。自ら率いた決起反乱が失敗した以上、行動をともにした下士官兵さえ無事に帰還させればもはや自分の役割は終わり、命はないものと覚悟もできている。一言も抗弁することなく承服した岡島少佐は同期の鈴木郁二少佐を介添え役につけ、自動車で水戸護国神社に向かった。

途中、「身を清めたい」といい、偕楽園にある湧き水の「吐玉泉」近くで下車した。ややあってからふたたび自動車を走らせ、護国神社の鳥居付近で停車させた。ここから今度は徒歩で徳川邸まで歩いた。数歩遅れて鈴木少佐が従った。岡島少佐は皇居の方角に身を向け端座。勅諭集を身の前に置くと従容として軍刀の鞘を払い、ためらうことなく割腹した。介添え役の鈴木少佐は腕時計を見た。八月二十日午後八時四十五分。じつにあっぱれな最後であった。

同日深夜、浜田卓志中尉が自室で拳銃自決した。浜田中尉は自決を命じられたわけではないが林、松島両少尉の上官として責任をとったのだ。将校仲間と善後策を練っている最中に退席し、自室で自裁した。浜田中尉の遺体は翌朝、前田中尉によって発見された。

岡島少佐と浜田中尉の遺骸は八月二十一日夕刻、水戸市郊外の火葬場で荼毘に付された。石田大造兵長は遺骸を火葬場に送る屍衛兵を言い渡され、包帯で巻かれた二つの遺体を柩に納めた。ところがこのとき柩は素人が急ごしらえしたため寸法が足りず、爪先が柩からはみ出す、蓋がぴったり閉まらないなどお粗末なもの。おまけに柩を運ぶトラックが途中でエンジンが故障し途方にくれるありさまだった。さいわい海軍の復員兵を乗せたトラックがやってきたので事情を説明して火葬場に回送を依頼する。けれどまたしても難儀する。火葬場は山の中腹にあったためトラックが入れず、爪先がはみ出した柩をかついで細い山道を運ぶありさまだった。

荒巻健一郎中尉にも自決の命が下った。八月二十三日であった。林慶紀少尉殺害が問われたのだ。荒巻中尉は津田隊に動員を要請し、奥日光に疎開中の皇太子を擁立して決起を求めるなど決起反乱に積極的に関与していた。自決後荒巻中尉の遺体は水戸市内の寺院で火葬され、遺骨は同郷の小出昴一中尉が福岡県の遺族のもとに届けていた。

八月二十五日夜半、杉茂少佐が自決した。航空士官学校五三期の同期の豊田四郎少佐の下宿先で最後の晩餐を終えると豊田少佐を見届け役につけ、水戸徳川邸前に向かった。このとき介添え役として中原勝少佐も後に従った。

じつは杉少佐はこれより以前、皇居前で自決をはかった。ただし未遂に終わったといわれている。それというのは大分県別府の生家に自決未遂で入院中との電報が届き、急ぎ両親が上京しているからだ。自決に際し杉少佐は遺書も残していたという。

「今の日本国内の現状では戦争に負ける。国民はこころを一つにして国難にあたらなければならない」

皇居前で割腹し、喉を衝き、自決をはかった。けれどこの直後憲兵隊に発見され病院に運び込まれた。数日昏睡が続いたものの奇跡的に意識が回復した。だがいつ、どのようにして杉少佐は皇居前に向かったのか、これを伝えるものはない。ただ意識が回復したのちも両親に、「私のことはあてにしないでください」と告げ、決別を伝えていたという。そのためこのときすでに八月二十五日夜半の自決を予感していたのかも知れない。

かくして陸軍水戸教導航空通信師団を舞台にした決起反乱「上野事件」は終息した。この間射殺二名、斬殺二名、自決五名、計九名が犠牲となり、事件は痛ましくも壮絶な幕引きとなった。最後に、岡島少佐が自決に際して残された妻子あての遺書をここに記して締めくくりとしたい。

一、予ハ皇国護持ヲ念ジツツ本夜自決ス
二、短キ期間ナガラヨク内助セシ労ヲ謝ス
三、子供ノ養育、同期生ニ依頼シアリ、必ズ予ノ意志ヲ継グ如ク頼ム
四、最後ノ処置ヲ誤ル勿レ
五、父母ヲ頼ム

海軍三〇二航空隊決起事件

厚木海軍三〇二航空隊決起

一九四五年八月一五日。この日は朝から快晴であった。まさに真夏の太陽がジリジリとひと肌を焦がした。またこの日は宇蘭盆会の中日であり、各家では盆棚を祀り先祖供養に菩提寺や墓参に詣で故人をしのぶ日でもあった。けれど人々はこれとは別にもうひとつ、より重く、憂鬱なこころを抱くのを覚えざるを得なかった。この日正午、ポツダム宣言受諾を告げる天皇陛下の詔書がラジオを通じて全国に放送されたからだ。

「朕、深ク世界ノ大勢ト帝国ノ現状トニ鑑ミ非常ノ措置ヲモッテ時局ヲ収拾セント欲シ、ココニ忠良ナルナンジ臣民ニ告グ

朕ハ帝国政府ヲシテ米英支蘇四国ニ対シ、ソノ共同宣言ヲ受諾スル旨通告セシメタ

リ——」

ラジオから流れる天皇の声は電波がにぶいのかラジオの性能が悪いのか、ザーザーという雑音にかき消されて明瞭でなかったが、ある者は農家の庭先で、ある者は軍需工場の油の臭いが鼻孔を刺激する事務所で、ある者はバラック建ての三角兵舎で、そして厚木海軍三〇二航空隊の将兵たちは練兵場あるいは指揮所で放送を聞き、連合国に対し我が国陸海軍は無条件降伏し、日本の敗戦を知り項垂れるのだった。

けれどポツダム宣言受諾や無条件降伏容認をよしとせず、日本軍の必勝不敗を信じて「徹底抗戦」「聖戦貫徹」を主張し、決起を促す陸海軍部隊も少なくなかった。小園安名海軍大佐を司令とする三〇〇〇名将兵による厚木海軍三〇二航空隊の決起事件もそのひとつであった。

厚木海軍三〇二航空隊司令官であった小園大佐は同航空隊に所属する約三〇〇〇名の将兵に対し重大な訓示をおこなうためただちに総員集合を命じた。その伝令を分隊士から受けた三浦省六飛行兵長はすぐさま坑道掘りのスコップをほうり出し、首すじにしたたり落ちる汗を手ぬぐいで拭うと駆け足で練兵場に向かった。

練兵場は兵員宿舎と司令本部の中間にある。八月十五日午前十一時ごろのことだった。三月下旬、第一四期甲種予科練の三浦兵長は土浦海軍航空隊から四個分隊一二〇〇名のひとりとして三〇二航空隊に派遣され、本土決戦に備えて基地周辺の土木工事に取り組み始めてすでに五ヵ月になるが、総員集合などただの一度もなかった。それだけに彼は、「こりゃただごとじゃーないぞ」と不審に思いながら練兵場に走った。

練兵場には一番で到着し、三浦は最前列に立った。おかげで朝礼台に立つ小園司令のすがたをこのとき初めて見ることができ、訓示もはっきりと聞くことができた。やがて練兵場には四方から駆け込んできた兵員であふれた。その兵員たちを取り囲むように下士官や士官たちが遠巻きに固めている。三浦兵長は様子が違うことに気づき、ますます不審感を強くし、緊張するのだった。

間もなく小園司令が朝礼台の上に立ち、やや肥満気味のからだからしぼり出すような野太い声で全員に向かって訓示を始めた。三浦兵長は最前列でそれを聞いた。訓示はおおむねこのようなものだった。

「大詔喚発により、いったん大東亜戦争は終末を告げるとはいえ、再度戦争継続の大詔を拝すること必然なり。国体護持のため今後余は戦争継続に反する如何なる上司の命令を拒否し、あくまで戦争を継続する覚悟なるを以て全員本職に続け」

小園大佐の訓示は天皇の詔書放送が始まる前におこなわれた。したがって訓示には詔書を否定し、背くものがあった。このさきもこの姿勢ですすめば厚木海軍三〇二航空隊は決起反乱部隊になりかねない。けれど三浦兵長はこの時点ではまだこのことを知らない。この後つづいて流れたラジオ放送を炎天下の練兵場で聞いてからだった。ここでようやく小園大佐の訓示の真意を理解するのだった。

小園大佐は詔書放送がどのようなものかすでに把握していた。そのためあらかじめ前もって全将兵に厚木海軍三〇二航空隊の強い意志を示しておくことで動揺や不安の除去をはかったのだ。とはいえ三浦兵長の気持ちは落ち着かなかった。何も手につかず、ひどく動揺していたのだ。そのため彼はこの日のできごとをこのように手帳にしたためた。

「一五日晴れ。伝令より本隊に総員集合ありとのこと。今朝よりグラマンしきりと飛ぶ。三〇二空司令小園より話しあり。正午に、我々はなんのために今日まで働きつづけてきたんだ。ただ必勝あるのみであった、と小園大佐はいわれた。他の部隊は武装解除となり降伏するもわれ三〇二空のみ、最後まで戦闘するも我もまったく同感なり——。戦死の覚悟は充分そなえあり。故郷の父母はいかにおわすか。今日の放送をなんと聞いているか（略）父母は我々の戦果、手柄を待っていたのだ。降伏のくやしさ、無念さに泣けて泣けてしかたなかった」

三浦省六は一九四四年六月、第一四期甲種飛行予科練習生として土浦海軍航空隊に入隊した。三ヵ月間の基礎教育修了後の適性検査を受けた。この検査結果で彼のその後の針路が決まる。操縦、偵察、射撃に振り分けられるからだ。

検査には回転椅子に座り、数回の回転後直立不動の姿勢をとる。あるいは練習生のあいだでは「はとポッポ」の通称で呼ばれた地上練習機による飛行シミュレーションなどがあった。このうえさらに手相、顔相、人相占いまであった。手相の場合手のひらにインクを塗り白い紙のうえに手のひらをペタンと押すのだが、たいがいのものは首をかしげた。回転椅子や地上練習機の検査は合理的であり納得できる。けれど手相や人相はそうではないからだ。

三浦は適性検査の結果操縦に合格した。待望の戦闘機乗りの夢がかない、両親にパイロット姿を見せたかった。両親は東京の本所で燃料店をいとなんでいた。

さぁーこれから戦闘機乗りとしての第一歩がはじまり、本格的な訓練が、と胸の高鳴りをおぼえたのもつかの間。学業なかばにして厚木三〇二海軍航空隊に派遣される。しかも厚木にきてみると練習機も訓練用のガソリンもないありさまだった。

ゼロ戦、彗星、雷電、夜間戦闘機月光などが勢揃いし目を見張ったものだが、これはすべて実戦機であり自分たちの訓練に使用するものではない。三浦はそのため操縦桿をスコップに持ち替え滑走路の整備や地下坑道の掘削など土木工事をする羽目になった。

厚木三〇二航空隊は一九九四四年三月に開隊してまだ日が浅く、厚木飛行場も完成途中だった。けれど小園大佐の訓示で午後の作業は急遽中止になった。三浦はそのため同じ甲種一四期生と地下坑道に集まり、軍歌を声高に歌うなどして気勢を上げた。そうでもしなければ鬱屈した感情の晴らしようがなかったのだ。

全面的徹底抗戦突入

八月十六日、スコップではなく今度は小銃が三浦たちに渡された。詔書拒否、徹底抗戦を訓示した小園大佐は厚木三〇二海軍航空隊全将兵の決起を決断したのだ。小園大佐の後に続く覚悟はできていたから三浦には恐れるものはなかった。三浦が所属する土浦海軍航空隊第六四分隊三〇〇名それぞれに小銃と銃剣が与えられ、十六日から突撃訓練が始まった。三〇〇名は半々にわかれて白兵戦を演じるなど訓練には熱気がこもっていた。

ただし敵は米軍ではない、友軍だった。決起した厚木三〇二海軍航空隊を制圧するため横須賀鎮守府から派遣された鎮圧部隊の迎撃を想定したものだったのだ。だから実際に戦闘となれば友軍相討つことになる。けれど国体護持のためにはやむを得ない、と三浦は思った。

昼間は小銃に着剣しての突撃訓練。夜間は、長さ一八〇〇メートルの滑走路のはずれ、あるいは正面北側の草むらなどに全員身をひそめ、鎮圧部隊の攻撃に備える行動が八月十八日まで続けられた。

松丸宏も甲種飛行予科練習生一四期生であり、土浦海軍航空隊から厚木三〇二海軍航空隊に派遣されたものだ。彼も天皇陛下の詔書放送を聞いた。けれど場所は農家の庭先だった。というのは松丸は分隊長係をやっていたからだ。分隊長は大尉ないし中尉が就き、分隊士は古参の下士官が就いた。

分隊士係を二週間つとめたのち今度は一ヵ月間分隊長係になった松丸は毎朝武者武一分隊長室に出勤しては靴みがき、部屋掃除、机のうえの整理、お茶入れなどの雑用をこなすのが日課だった。ところが一ヵ月すぎても交替がなかった。どのような理由かはわからない。分隊長に気に入れられたのかも、と松丸は思うようにした。おかげできつい甲板掃除や厠掃除にめぐり会わずにすんだ。

けれどじつは松丸は特攻隊要員に選抜されながらメンバーからはずされたクチだった。土浦海軍航空隊から派遣された六四分隊から五〇名の特攻隊要員が選抜された。

一九四五年五月末であった。

分隊長係をやっていた松丸は自由に分隊長室に出入りできた。部屋の壁に五〇名の氏名を記した紙が張り出してあった。大久保英二、宮地一恵、川島栄次。どれも知っている名前だった。松丸は何かの作業員名簿かと思いながら張り紙を見た。そこには「松丸宏」の名もあった。だが一本、赤い線が横に引かれていた。これでなおさら怪訝に思った。

翌日張り紙の意味、赤線の理由がわかった。武者分隊長は五〇名の名前を読み上げ、特攻訓練のため転隊することを発表したからだ。赤線はそして特攻訓練から松丸を抹消したことを意味した。一旦は選抜しながらはずしたことに当然松丸は納得できなかった。彼は分隊長室に向かい武者分隊長に疑問を質した。疑問はじきに解けた。

武者分隊長は、松丸が下痢をおこし体調不十分であることを理由に要員からはずしたというのだった。むろん松丸は再考を懇願し、食い下がった。武者分隊長の返事はけれど、「駄目だ」の一点張りだった。五四分隊は全員将来の操縦員で編制された。そのなかから第一陣として五〇名が選抜され、厚木海軍三〇二航空隊から一旦原隊の土浦海軍航空隊に復帰し、さらに秋田県の鷹ノ巣飛行場に送られた。

飛行場といっても白神山系の中腹にある牧場を開墾した簡易なもの。けれどそれでもよかったのだ。つまり彼らの訓練は桜花を操縦するためだったからだ。桜花とは人間爆弾ともいわれた。一式陸上攻撃機の胴体下部に懸架され、敵艦に接近したところで胴体から切り離されて滑空しながら機体もろとも敵艦に体当たりする、まさに十死零生の特攻機であった。

甲種一四期飛行予科練習生前期は特攻艇震洋の操縦員となり後期は桜花の操縦員となった。松丸も後期組であったが今回の選抜からはずされ、引き続き分隊長係を勤めた。厚木航空隊には四基双発の重爆撃機連山とともに北のはずれの地下燃料庫近くには桜花の格納庫があるのも見ていた。それだけに松丸は特攻隊員から外されたことで置いてけぼりにされた気持ちは悔しさ、屈辱でおさまらない。予科練に志願したときから二〇歳までの命と決めていたのだ。

三井満夫海軍飛行兵長も同期の三浦飛行兵長と同じく地下坑道の掘削工事に汗みずくになっていた。けれど朝食後の八時ごろ、兵員宿舎前に取り付けられた拡声器から流れる、「本日正午、本庁舎前に集合せよ」との声をきいていたから分隊士の伝令を受けるまでもなく、正午になったと同時に土木作業の手を止め本庁舎前の練兵場に向かって走った。

三井兵長も小園大佐の姿を見るのはこのときが初めてだった。もっともそれは当然だった。片や海軍大佐であり厚木海軍航空隊司令官。片や海軍兵長。階級の差に加えて年齢差もある。三井らはまだ十代後半。厚木海軍航空隊のなかでは最年少であった。

徹底抗戦の訓示を聞きながらけれど三井兵長は、「命はすでにお国のためにささげ、ないものと思ってる……」との思いがあったから小園大佐の言葉にもなかば、「何をいまさらあらためて……」という思いで聞いていた。そのため、「ラバウルの猛将だの斜銃の神様だの、先輩操縦員から聞かされたけどそれにしてはデブってるな……あれでほんとに操縦できるのか、戦闘機の……」などとまったく別のことを想像していた。

斜銃装備を提言

小園大佐は独自に考案した斜銃を一式陸上偵察機に装備し多大な効果を発揮するなど数々の戦果を誇る異能の指揮官であった。その反面激情タイプ、熱血漢であったため物議を醸すなど毀誉褒貶もすくなくなかった。

小園安名は一九〇二年十一月、鹿児島県東加世田村（現在加世田市）に生まれ、一九二〇年八月海軍兵学校に入学し第五一期生となる。一九二三年三月同校卒業と同時に第一四期飛行学生となり基地航空隊、航空母艦等の勤務を繰り返す。この間には空母「鳳翔」の飛行長に就くなどしながら一九四一年十月中佐に進級。同時に新設されたばかりの台南航空隊副長兼飛行長に任じられた。さらに一九四二年十二月、台南航空隊が二五一海軍航空隊に改名されその司令に任命される。

つづいて一九四四年十二月、横須賀に首都防衛を主任務とする三〇二海軍航空隊が新たに開隊すると司令官の辞令を受け、着任する。この着任は二ヵ月前の十月海軍大佐に昇進したことによる。

三〇二海軍航空隊は横須賀鎮守府に属していた。そのため編制は横須賀航空隊でおこなわれ、局地戦闘機雷電、夜間戦闘機月光各一隊をもって編制した。ただし雷電隊は横須賀航空隊、月光隊は木更津航空隊にそれぞれ置き、三〇二航空隊本部指揮所は横須賀鎮守府の準士官集合所を間借りし、ここに置いた。

けれど同年三月三十日、第二〇三航空隊が厚木飛行場から北海道の千歳飛行場に転隊し、北方防衛に就いたのにともない空きが生じたので三〇二航空隊が厚木飛行場に転入し、雷電、月光両隊も同時に集結した。小園大佐は三〇二航空隊の司令官であると同時に第三航空艦隊参謀、さらに一九四五年六月には第七一航空戦闘隊参謀も兼務していた。

小園中佐は高高度飛行に適した戦略爆撃機の量産化が持論であり、戦闘機無用論者であった。これにはむろんわけがあった。〝空の要塞〟といわれ、日本軍の恐怖のまとであった米B17爆撃機に対抗し得る爆撃機が日本にはなかった、ということだ。B17爆撃機は高高度を飛行し、胴体下部に据えられた銃座から、はるか下方を蚊のようにブンブン飛んでくる日本軍戦闘機をばたばたと撃墜し、悠然と飛び去ってゆく。日本の航空部隊は切歯扼腕して上空を見上げるしかなかった。

B17に対抗できる性能機がない海軍航空隊の脆弱さを痛感していた小園中佐はしかし偶然、台南航空隊副長着任のためラバウル飛行場から台南飛行場に異動中、輸送機に改造した陸上攻撃機内で脳裏にひらめくものがあった。空の要塞といわれるB17だがけっして完璧ではない。後方下からの攻撃に弱点がある。小園中佐はここに着目した。彼の斜銃攻撃法はそしてここに原点があった。

小園中佐の斜銃発想は、二式陸上偵察機に三号弾を装備しB17に同行し爆撃を加えたところ成功したことにヒントを得てあれこれ思案をめぐらしているうちにフトあることに気づいたことによる。

「同行爆撃機より大型機関銃を載せてB17の真下に撃ったほうが効果があるのでは……」

このことに気づいた彼は操縦員と交替して自分で輸送機を操縦し斜銃装置を想定した空中戦法、照準発射法などをじっさいに試した。双発の二式陸上偵察機に機関銃を斜めに据えつけてB17の主翼の下に回り込み、相手の胴体下部を狙って機銃弾を放ち撃墜するという戦法はどうか――。

一九四二年十月台南に向かう機中、ほとんど偶然の思いつきだった。けれど小園中佐の心中には確信があった。台南から輸送船に乗り換え横須賀港に入港した。新設の台南航空隊は豊橋航空隊で編制されるからだ。入港後横須賀航空隊に向かうと航空技術廠から呼び出しの連絡を受けた。同廠では軍令部、航空本部、航空技術廠の参謀らが大型機撃墜機開発をめぐる対策会議中であった。

小園中佐にも発言の機会が与えられここぞとばかりに自信をこめて斜銃の有効性を開陳した。けれどまったく反応はなかった。むしろ若手技術将校などは実験の価値すらないと否定的であった。

航空機搭載の機関銃と言えば固定型と決まっていた。しかも空対地が主流であった。それだけに斜銃搭載は従来の射撃法に転換を迫るものでありまさに画期的であった。案の定会議では小園の発想を疑問視し、賛意は得られなかった。けれど小園中佐は引き下がらなかった。

一九四二年十二月、台南航空隊は二五一航空隊に改編され、司令官に就任したのを機に斜銃の優位性を再三具申。これが功を奏しようやく航空本部から許諾を得るのだった。このとき航空本部では、

「戦争にはなんとしても勝たなければならない。馬鹿なことと思われようともそれが熱意のある人の意見ならまずはやらせてみるべきではないか」

との言葉が得られた。

当時海軍航空本部長は塚原二四三中将であった。彼は井上成美中将とともに日本海軍最後の大将に昇格した軍人だった。

小園暴風といわれても

航空本部での小園評価はじっさい〝変人〟〝偏屈〟、これであった。しかも後には〝小園暴風〟などとも陰口をつかれた。二式陸上偵察機に斜銃を装備するため試作機に取り掛かったが設計、工作、機械の各部員にどしどしダメ出しをするから彼らにとってそれはあたかも台風の渦に巻き込む暴風に思えたらしい。

二式陸上偵察機は戦闘機と同じ戦闘能力を持つことを想定し一九四一年に製造開始。同機は一二〇〇馬力発動機二基を搭載。前方に七・七ミリ固定銃、後方に遠隔操作方

式の七・七ミリ連装機銃二基を搭載。操縦、偵察、通信兼射撃三名が搭乗した。

同機は陸上奥地あるいは遠距離攻撃、さらには空中戦も想定された。けれど欲張りすぎたせいかかえって重量超過をきたし、当初想定された性能には達せず不合格となった。ただし航続力、速度を有効活用し、偵察用に改良が加えられた。

〝小園暴風〟はやみくもに吹きまくったわけではない。一九四三年四月、二五一航空隊はラバウル進出が下命されたからだ。このときまでに斜銃装備の二式陸上偵察機を完成させラバウルに空輸する必要があった。

かくして着工からあらまし三ヵ月後の一九四三年二月試作機が完成する。二式陸上偵察機の胴体上部と下部にそれぞれ二〇ミリ機銃二梃を装備。機銃には三〇度の傾斜がついている。このことから「斜銃」とも「斜固定銃」とも呼ばれた。

試作機は横須賀海軍航空隊から豊橋海軍航空隊に運ばれ、さっそく試験飛行を実施する。操縦するのは遠藤幸夫大尉だった。彼は後に斜銃の威力を存分に発揮し「B29の撃墜王」との名をとどろかせた。

小園中佐は自ら射撃手となって試作機の後部座席に乗った。いよいよ我が国最初の斜銃装備実戦訓練である。ゼロ戦をおとりに使っての照準発射法、探照灯を使った夜間空中戦闘法、斜銃の夜間照準発射法等々が繰り返された。夜間訓練の帰途、小園中佐は伝声管を通して「どうだ」と操縦の遠藤大尉に手ごたえを尋ねた。「こりゃーたいしたもんです」。遠藤大尉も満足感をしめすのだった。

斜銃の威力に敵機も恐怖

実戦訓練を経たのち小園中佐は斜銃装備の二式陸上偵察機二機とともに二五一航空隊を率いてラバウル飛行場に向かった。早くも斜銃の実力が試される場面に遭遇する。あたかも定期便のようにほぼ決まった時間に夜間空襲に飛来するB17が、斜銃を装備した二式陸上偵察機の出番をお膳立てしてくれたのだ。

五月二十一日夜半、六機編隊でラバウル飛行場を襲撃したB17に対し斜銃装備機がこれを迎え撃った。B17の主翼下後部に回りこんで二〇ミリ斜銃を発射。見事二機を撃墜。一機などは上空を見上げる航空隊員の視界に火の玉となって落下する光景が映るなど初陣を飾った。

初陣後軍令部の鈴木航空本部参謀から、「暗夜に光明を得た感があり」との手紙が小園中佐に送られてくる。軍令部からの手紙は上層部が斜銃に対する認識を改め、実力を認めたことを意味するものであり、〝変人〟扱いしたものも自分の狭量を悔い、小園中佐の先見性を見直さなければならなかった。

初陣を契機に二式陸上偵察機は内兵令第六〇号に基づき一九四三年八月、夜間戦闘機「月光」と命名された。月光の出番はますます増えて五月中には早くも十数機の撃墜が記録され、次第にB17の夜間襲撃は減少していった。

しかしB17はラバウルにかわって今度はブイン夜襲を激化させた。そこで小園中佐はブイン南方のパラレ飛行場に月光二機を派遣し、十数機を撃ち落とす。これに懲りたらしく以来ブインの夜間空襲もプッツリと止んだ。月光の実力、斜銃の効果は軍令部も認めるところとなり、十月には嶋田繁太郎海軍大臣より表彰状授与にさえ至った。

「右者夜間空中戦闘用射撃兵装を考案改装し、これを作戦に実用して甚大なる戦果を収めたり。本考案は帝国海軍夜間空中戦闘の方式を一新したのみならず、将来機に対する射撃兵装に一大革新を実らせるものにして帝国海軍に貢献せらるところ洵に大なり。仍て金杯一組を授与し、ここにこれを表彰す」

全機斜銃装備こそ救国の道

斜銃の威力にさしものB17も恐怖し、ついには夜間空襲中止に追い込まれる。そのため遠藤大尉が搭乗する月光の機体にはB17爆撃機の撃墜数を可視化した桜のマークがつぎつぎと塗り替えられ、累積数が増してゆく。

小園中佐も斜銃効果に快哉をおぼえるとともに斜銃の優位性に対する確信を深め、「斜銃をもってすれば敵の一〇分の一の航空兵力をもって全線の防空可能」「これで大東亜戦争の必勝間違いなし」との信念いよいよ強くする。

制海権、制空権ともに連合軍に奪われた日本軍の劣勢挽回には斜銃装備以外になく、斜銃戦法によってこそ勝運が開ける。全機斜銃装備こそ唯一救国の道である。小園中佐の確信はいささかもゆるぎなかった。この確信を法的に制度化する意図から小園中佐は航空本部転任を希望した。

航空本部は海軍省の外局にあたり、海軍航空機および兵器の研究開発、生産、航空機要員の教育、育成等我が国海軍航空部門をつかさどる中枢機関であった。

けれど小園中佐の希望はかなわなかった。そこで今度は軍令部入りを要求した。けれどこれも実現しなかった。彼の海軍中枢部入りには内部から海軍航空隊の戦略改革を、との思惑があった。要望がかなわなかったのはこのような野心を見抜かれたからに違いない。じじつ後にわかったことだが、小園中佐は拒否の理由をこのように聞いて知る。

「変人が航空本部に来られたらいいように引っ掻きまわされ、なにもかも混乱してしまう」

一九四四年三月、小園中佐は三〇二海軍航空隊司令兼副長に就任する。これは航空本部入りも軍令部入りもかなわなかったことで航空本部参謀に、「いったい俺をどこに使うつもりだ」とねじ込んだ結果だった。「内地の防空を担当してくれ。三月に新しく編制が決まるからそれをやってもらうつもりだ」との言質を得た。つまりそれが厚木三〇二海軍航空隊であった。

戦意高揚と誤解

時計が正午を指したのを見た横山正男海軍上等飛行兵曹も指揮所前に走った。朝礼のときも上官から、「総員正午に戦闘指揮所前に集合せよ」との指示を受けていた。けれど理由は伝えられていなかったから何ごとかと不審に思いながら、紅白のしま模様が入った吹き流しがひるがえる指揮所前に整列し、上官の次の指示を待った。

指揮所は月光、銀河あるいは紫電、雷電など戦闘機の格納庫に隣接し、自分が操縦する雷電もそこに駐機中だった。やがて雷電分隊長の寺村純朗大尉から「気をつけーっ。これから重大な玉音放送を聞くから全員こころして聞くように」との指示があり、横山はラジオ放送に耳をそばだてた。

ところが全員に聞かせる配慮からボリュームを目一杯上げたからかえって音が割れ

て雑音ばかり高くなり、肝心の天皇陛下の言葉はほとんど聞き取れず、何をいおうとしているのか結局理解できなかった。だからそれが日本の敗戦を伝える放送であったなど思いもしなかった。むしろラジオ放送のあとに続いて小園司令が壇上から戦争継続を訴え、引き続いて戦闘態勢を怠るなとの訓示を述べたため玉音放送は天皇自らが戦意高揚をおこなった、と横田上等飛行兵曹は勘違いするほどだった。

東京で生まれた横山は大空への憧れが強い少年だった。そのため東京飛行少年団に入団し、荒川の河川敷などでグライダー訓練に励んでいた。そして一九四一年十二月乙種一七期飛行予科練習生として岩国海軍航空隊に入隊した。一九四四年十二月予科練を卒業し、続いて台湾に渡って台東飛行場でゼロ戦の訓練を受け同年九月訓練教程を終えて長年の念願であったゼロ戦パイロットとして独り立ちする。

実戦要員としてただちにセレター基地に配属された。二ヵ月後の十一月、いよいよ腕試しのチャンス到来。B29百数十機の大編隊で飛来との情報を得た横山上等飛行兵曹は警戒警報のサイレンが鳴ると同時に真っ先にセレター基地から出撃した。

B29は高度九〇〇〇メートルを飛行中。ところがゼロ戦は高度六〇〇〇メートルがピーク。そこを無理して横山上等飛行兵曹は九五〇〇メートルまで上昇。急降下しながらB29を真上法射撃で狙い撃つ戦法だった。けれど狙い通りにはいかなかった。

Ｂ29の速度がまさり、自機が攻撃地点に達したころには編隊ははるか前方に飛び去っていた。そのため猛然と出撃したものの初陣をかざることなく横山上等飛行兵曹は基地に戻った。

セレター飛行場から厚木の三〇二海軍航空隊に移動したのは一九四五年四月だった。移動早々ゼロ戦にかわって雷電に搭乗した。雷電はＢ29の迎撃用に生産されたことから局地戦闘機ともいわれた。高度九〇〇〇メートルを飛行するＢ29まで短時間で上昇するため雷電は大型馬力のエンジンを搭載した。

けれどこれがかえって操縦員にはすこぶる不評だった。エンジンが大きいだけに胴体が太くなり視界をさえぎる、頭部に重量がかたより前傾の墜落事故が多く、殺人機などと揶揄されもした。

横山上等飛行兵曹もじき雷電からもとのゼロ戦にもどり、小園司令の訓示にしたがい命令がありしだいいつでも出撃可能な態勢で待機した。そしてそのときがついに来た。

詔書放送から五日目の夜半、三〇二航空隊各機は埼玉県の児玉陸軍飛行場および所沢陸軍飛行場に移動せよ、との命令を受けた横山上等飛行兵曹は八月二十一日早朝、ゼロ戦を格納庫からエプロンに引き出した。整備兵にはイナーシャの操作とチョークをはずしておくよう指示し、いつでも離陸できる態勢をつけておいたのだ。

厚木飛行場に航空機をとどめておいてはポツダム宣言受諾派の妨害で何をされるかわからず、戦闘困難が予想されたので小園司令は徹底抗戦に呼応する埼玉県の児玉および所沢の両陸軍飛行場に、厚木飛行場に駐機中の全機移転を指示したのだ。

小園司令は霞ヶ浦海軍航空隊にも要員を派遣して抗戦を求めたが同意を得られなかった。そのため派遣要員は腹いせにゼロ戦一機を〝銀蝿〟し、厚木飛行場に持ち去った。むろん看過できるものではない。渡辺謙次郎霞ヶ浦航空隊司令は抗議の電話をかけ、ゼロ戦返還を要求した。ところが小園司令は謝罪するどころか逆に、「銀蝿されるまでボヤっとしてるおまえらが悪いんだ。このデレスケデン」と開き直るありさまだった。

徹底抗戦宣言

八月十四日、横須賀鎮守府の水交社裏にあった七一航空戦隊司令部の先任参謀室から籠城する覚悟で厚木三〇二海軍航空隊司令室に自動車でもどってきた夜半、小園司令は徹底抗戦の宣言文作成に取り掛かった。

小園司令は、御前会議において陸軍側は敵に一撃加えて反撃を殺ぐ、いわゆる一撃打開論になお固執し、日本有利な和平交渉を要求してポツダム宣言全面受諾に難色をしめすものの海軍側や外務省側はおおむね受諾やむなしの方向にかたむきつつあるとの情報をすでに得ていた。

これに加えて八月十一日、横須賀海軍通信隊初声分遣隊の連絡将校から、「ロンドンやニューヨークの放送によると、日本はポツダム宣言に同意したから戦争は終わったといって街中がドンチャン騒ぎになっている、との状態を伝えてます」との報告を受け、さらに同日夕刻には大岸頼好が明石寛二陸軍少佐をともなって先任参謀室に来訪し、御前会議の行方やそれに関する海軍の今後について両名から、「今後どのようにするおつもりか」と問われ、対応を迫られていた。大岸といえば二・二六事件に連座し、軍法会議で禁固四年に処せられ、この後陸軍大尉を罷免された人物だった。

これらの動きから小園司令の腹は徹底抗戦で固まってゆく。じっさい大岸から、「どうするか」と返事を求められたその場で小園司令は戸塚道太郎横須賀鎮守府司令長官に電話し、翌朝長官室を訪ね、「たとえ刀折れ、矢が尽きてもいのちあるかぎり、石にかじりついてでも天皇と国土を守るべきではないか」と卓をたたいて決起を迫っていたからだ。戸塚司令長官は我が国の航空機生産の激減、艦船の損耗劣化を理由に敗戦は必至といい、決起に反対だった。

十四日の朝、小園司令はふたたび戸塚司令長官を訪ね、「長いあいだお世話になりました」と挨拶し、握手を交わした。これは永別の訪問であった。この後小園司令は厚木飛行場に向かい檄文の文案を考えるのだった。

じつは檄文に先立って八月十三日、やり残していた二つのことを片付けていた。ひとつは薄暮攻撃であった。八月十三日夕刻、偵察機彩雲が発進。房総半島の銚子沖に接近中の米機動部隊を視認。小園司令はただちに迎撃命令を発し、月光九機、彗星六機編成で発進した。全機胴体下部に爆弾を吊るし援護戦闘機の随伴もなかった。残ったものの全員が帽振れの号令でこれを見送った。爆弾投下による数条の火炎、黒煙が海上より沸き上がるのを確認し、さいわい全機、無事帰還した。

薄暮攻撃は小園指令の独断だった。そのためさっそく直属の第三航空艦隊司令部から叱咤が飛んだ。三〇二航空隊は防空が主な任務であり爆撃は任務の外にあるというのだ。けれどここでも小園司令は一歩も引かず、国家と国民を守る護国精神と斜銃戦法の優位性を論じて説き伏せるのだった。

ふたつめは海軍大臣、軍令部総長、第三航空艦隊司令長官ほか各航空艦隊司令長官、鎮守府司令長官等に以下のような電文を通信隊を通じて発進したことだ。

「最近の新聞論調および巷間の流説は士気に影響すること甚大なるものがあり。すなわち今日の事態において活発な作戦継続より外に国体護持の道なきにもかかわらず新聞は事態の悪化、戦争継続不能事態にあるかのように国民に認識させ、当局の措置に盲従せんとする論説を連載し、国体の本義上意義をなさぬ国体護持を条件に和平交渉を行いつつあると伝える。このことが事実なら天孫降臨以来国体は破滅となり、日本は永遠の滅亡は必然なり。絶対に降伏なきを信念する帝国軍人は降伏条件を強行せんとする当局と衝突するのは当然。国体本義に徹するも必勝の信念なきところに国体護持は絶対に成立せず。この際前述のごとき新聞論調および巷間の流説をすみやかに一掃することを今後の作戦遂行上必要と認めるにつき、しかるべきお取り計らいをされたし」

電文発信後厚木基地にもどった小園司令は士官室に全士官を集め、抗戦をめぐる戸塚司令長官との経緯を説明するとともに徹底抗戦の所信を述べ理解を求めた。さいわい拒否するものはなく、一致結束して抗戦を誓った。これに意を強くした小園司令は自室にもどり徹底抗戦宣言文執筆に取り掛かった。

「赤魔ノ謀略ニ翻弄サレタル重臣閣僚等ハ上聖明ヲ覆ヒ奉リ前古未曾有ノ詔勅ノ煥発ヲ拝ス誠ニ恐懼極マリナシ　次ニ来ルベキ停戦命令或ハ武装解除命令ハ天皇ヲ滅シ奉

ル大逆無道ノ命令ナリ　斯ル命令ニ服従スルコトハ同ジ大逆無道ノ大不忠ヲ犯スコトトナル　必勝ノ信念ヲ失ヒ斯ル大逆ノ命令ヲ発スル中央当局及ビ上級司令部ハ既ニ吾人ニ対スル命令権ヲ喪失スルモノト認ム　依テ自分如何ナル命令トイエドモ一切之ヲ拒否スルコトヲ声明スル　日本ハ神国ナリ　絶対不敗ナリ　必勝ノ信念ニ燃ユル我等実施部隊員ガ現態勢ヲ確保シテ敵艦ノ撃滅ニ団結一致セバ必勝ハ絶対ニ疑ナシ　各位ノ同意ヲ望ム」

宣言文は八月十五日放送が予想される天皇詔書を想定し、ポツダム宣言ならびに帝国陸海軍無条件降伏反対の声明であり、事実上厚木三〇二海軍航空隊による反乱決起を訴えるクーデター宣言であった。

小園司令は八月十五日早朝、通信長に電文を暗号に訳させ、全海軍にいつでも発信できる準備を指示しふたたび自室にもどり正午の詔書放送を待った。すでに菅原秀雄副長に対して三〇二航空隊総員集合させ詔書放送を拝聴せよと伝えてある。

詔書放送をひとり静聴するにつれ小園司令は次第に胸中にみなぎるものをおぼえずにおれなかった。それは、「朕、深ク世界ノ大勢ト帝国ノ現状トニ鑑ミ、非常ノ措置ヲモッテ時局ヲ収拾セント欲シ、ココニ忠良ナンジ臣民ニ告グ――」で始まった詔書放送が、「――シカレドモ朕ハ時運ノオモムクトコロ、堪エ難キヲ堪エ、忍ビ難キヲ忍ビ、モッテ萬世ノ為ニ太平ヲ開カント欲ス」と読み進められたときだった。膝をポンとたたき、つづいて小園司令は「うん、そうだ」と頷いた。

詔書の「萬世ノ為ニ太平ヲ開カント欲ス」とはすなわち百戦錬磨の万能型斜銃、全天候型戦闘機と必勝不敗の斜銃戦法を駆使し、戦局の一大転換を企図する、小園司令はこのように理解し確固たる信念を抱くに至るのだった。詔書放送の終了と同時に椅子を立ち上がり、「通信長っ」と呼んだ。さきに渡してあった電文の発信を命じるためだ。

国民総決起の檄文散布

海軍向け電文を広く国民にも発信しては、と意見したのは山田九七郎飛行長だった。士官室で電文を読んでいたそこに小園司令が入ってきたから海軍だけでは物足りないとして「陸軍にも同調するものはおり、国民にも知らせる必要があるのでは」、と進言し、さらに、「伝単をつくってバラ撒いてはどうか」と助言するのだった。伝単とはビラのことをいう。

山田飛行長は一九四一年七月、アリューシャン列島のキスカ上空で空戦を展開し、B24一機、つづいて八月米水上偵察機を撃墜するなど戦闘機乗りの腕前はなかなかのものだった。しかしこれは後のことだが、詔書放送から一週間後の八月二十二日、彼は敗戦の責任を負い神奈川県藤沢の自宅で妻とともに服毒自決を遂げるのだった。

山田飛行長の提案に、「あぁーそうだな」と小園司令もすぐに同意し、ふたたび司令室にもどり伝単の文面をしたためた。

「国民諸氏ニ告グ　海軍航空隊司令　赤魔巧妙ナル謀略ニ翻弄サレ必勝ノ信念ヲ失ヒタル重臣閣僚共ガ　上聖明ヲ覆ヒ奉リ下国民ヲ欺瞞愚弄シ　遂ニ千古未曾有ノ詔勅ヲ拝スルニ至レリ　恐懼極リナシ　日本ノ天皇ハ絶対ノ御方ナリ　絶対ニ降伏ナシ　天皇ノ軍人ニハ降伏ナシ　我等航空隊ノ者ハ絶対ニ必勝ノ確信アリ　外国ノ軍隊ノ神州ニ進駐シ　ポツダム宣言ヲ履行スルトキハ戦争ヲ継続スルヨリ何百何十倍ノ苦痛ヲ受クルコト火ヲ見ルヨリ明カナリ　今ヤ大逆無道ノ重臣共ハ皇軍ニヨリ禊祓ハレツツアリ　斯クシテ国内必勝ノ態勢ハ確実ニ整備サレルベシ　今コソ一億総決起シ秋ナリ」

これとは別に次のような文面の伝単も散布されていた。

「神州不滅　終戦放送ハ偽勅　ダマサレナイ　イマヤ敵撃滅ノ好機　ワレラ厚木航空隊ハ健在ナリ　必勝国体ヲ護持セン　勤皇護国　航空隊小園司令」

文面は徹底抗戦、聖戦貫徹に一億国民総決起を呼びかけるものであった。これを急ぎしたためたのち菅原副長に渡しガリ版刷りにされた。インクもまだろくに乾かないうち刷り上がった順から伝単の束をかかえたパイロットたちが操縦席に積み込み、関東をはじめ九州、北海道など全国に飛び空中よりバラ撒かれた。

横浜、川崎、東京など近隣周辺は自動車に乗せて市街中に散布。最寄りの藤沢駅でも乗降客に手渡すなど伝単はひとびとの手から手、口から口に伝わり、たちまち全国に拡散した。じっさい十六日になると陸軍戦闘機が厚木上空を舞い、「降伏反対／抗戦継／続帝国陸軍航空隊」とガリ版印刷した伝単が撒かれ、陸軍の糾合に小園司令の意気はますます盛んとなるのだった。

三〇二海軍航空隊全軍決起で結束

米田徳整備兵曹長も整備が完了するとパイロットが操縦席に伝単を積み込むのに手を貸した。このとき、「今日はどちらに」と米田は聞いた。「あぁ、東海方面だ」とパイロットは答え、一万八〇〇〇メートルの滑走路を飛び立つ月光を見送った。

山口県の岩国に近い農家の六男に生まれた米田は岩国基地が近かったことや上空を舞い飛ぶ練習機を毎日見上げて成長したことから迷わず海軍に志願し呉海兵団に入団した。

一般航空兵として基礎訓練を受けたのち霞ヶ浦海軍航空隊に移り、本格的な飛行訓練を受けることになった。ところが聴力に問題があり適性検査の結果不合格となった。このため一九四一年十二月、高等整備術練習生に転科し、横須賀の整備兵養成機関で九ヵ月間、航空機整備に関する教育を受けるのだった。

「ちょうど大東亜戦争の勃発の年で、真珠湾攻撃では航空隊の活躍もあって整備兵の要請も高まり、九ヵ月間の基礎教育が終わるとさっそく大分県の宇佐海軍航空隊配属の辞令を受けたんです。ここでは主に艦上爆撃機の整備を担当したんです。わたしは若いながら整備学校を卒業した下士官だったから宇佐航空隊では整備班長をまかされたんです」

翌一九四二年北海道の美幌海軍航空隊に転属し月光の整備要員となる。けれどこの年の夏の水泳がもとで風邪をこじらせて胸膜となり、横須賀海軍病院に四ヵ月間余の長期入院となる。回復後ふたたび美幌航空隊に復帰。けれど半年後の四三年三月またも転属の辞令を受けた。

「厚木三〇二航空隊付きとなったんです。このとき二〇三航空隊が六月厚木基地から千歳基地に移転したので入れ替わるように三〇二航空隊が厚木基地に移ってきたのでわたしもここに引っ張られ、以来敗戦まで月光を専門に整備をまかされたんです」

米田も指揮所で天皇の詔書放送を聞いた。指揮所は第二飛行隊のゼロ戦、第三飛行隊の彩雲、銀河などを収容する格納庫のあいだにあった。詔書放送が始まる直前、指揮所前に集合との指示をうけていたから米田は工具を片付け、月光を収容する第四飛行隊の格納庫から指揮所に走り、小園司令の訓示を聞いた。

「司令は右手で拳銃を振りかざしながら強い口調でさかんに抗戦をうったえたんです。けど私はまったく別のことを考えてたんです。司令の顔を見てるうち、これで何度目かなー司令を見るのは、って。司令を初めて見たのは宇佐海軍航空隊所属のとき、次が三〇二航空隊付きとなって木更津に転属したときでした」

三〇二海軍航空隊は開隊当初月光は木更津、雷電は横須賀それぞれ分散して操縦訓練を実施していた。開隊にあたって小園司令は国内外の航空隊から遠藤幸男大尉、赤松貞明中尉といった腕っこきのパイロット、あるいは航空機機銃装備の第一人者ともいわれる田中悦太郎技術大尉などを引き抜き、陣容を固めた。米田も整備技術の高さを見込まれて美幌航空隊から移るのだった。

「木更津でも整備長として移ってきたが、このとき私は小園司令の直接面接を受け、こう厳しく言い渡されたんです。『整備班長たるものは機体の鉄鋲ひとつひとつまでしっかり覚えておかないとだめだ』と」

以来米田は月光専門の整備班長として一三人の部下に指示を飛ばし、月光三機の整備にあたった。彼が受け持つ月光のなかには遠藤大尉の搭乗機もあった。一九四四年十一月、B29迎撃のため斜銃装備の月光三機で八丈島に派遣されたときも米田は六名の整備兵をともなって同行している。

「遠藤大尉の月光の機体に桜のマークを描かせたのもじつは私なんです。私の班にもとは提灯職人だった整備兵がいたので彼に命じて描かせたんです」

遠藤大尉搭乗の月光「ヨD－195」の胴体後部側面にはB29撃墜をしめす八重桜、撃破をしめす一重桜など十数個が描かれていた。B29の撃墜王といわれ、敵も恐れをなした敏腕パイロットの遠藤大尉だった。しかし惜しくも一九四四年一月、渥美半島上空でB29と空戦中月光が墜落し、落下傘で降下するものの墜死する。

過去の追想から米田は小園司令の訓示に意識をもどした。

「――日本政府はポツダム宣言を受諾し、日本軍隊は解体した。よって今後は各自の自由意志による国土防衛戦争に入った。諸君が私と行動をともにするもしないも自由であり、私と意志を同じくするものは止まれ。そうでないものは自由に隊を離れ、帰郷するもよい。私は必勝を信じて最後まで戦う覚悟でいる」

むろんだれひとり隊門を去るものはおらず三〇二海軍航空隊は全軍総決起で一致結

束し、小園司令につき従った。敗戦の無念は米田海軍整備兵曹長も劣らず、小園司令に従うことにためらいはなかった。

夜ともなるとぶつけどころのない怒りと悔しさが込み上げて寝てもおれず軍刀を手に兵舎を抜け出し、付近の竹林を片っ端から切り倒していた。軍刀は兄が厚木基地まで面会に来たおり、「形見にしろ」と渡されたものだ。

別の場所では夜空に向かって放つ機銃弾や広角砲のダダッダー、バリバリバリッという射撃音がしきりに聞こえた。敗戦の憤懣はどうやら自分だけでなかったのを米田は知った。

陸海軍決起部隊続々糾合

野口毅主計少尉も父親ゆずりの軍刀片手に、いわゆる押っ取り刀で三〇二海軍航空隊の士官集合所に馳せ参じたひとりだった。

野口少尉は高座海軍工廠の主計少尉であり、雷電生産に必要な資機材の調達を担当し、静岡県浜松や三重県四日市などの工場にプロペラあるいは風防等の受発注などに奔走していたから三〇二航空隊に所属するものではなかった。けれど高座海軍工廠は三〇二航空隊の北東部、ほとんど目と鼻のさきにあった。

工廠で完成した雷電は工員たちが押したり引いたりしながら人力で、三〇二航空隊と工廠をつなぐ地下道を通ってつぎつぎと三〇二航空隊に供給されてゆく。そのため野口少尉は三〇二航空隊がバラ撒いた、決起を訴える伝単も入手し、文面にうなずくとともに数名の士官と加わった。詔書放送があった翌日だった。

前日の、つまり天皇詔書放送が報じられた八月十五日、じつは野口少尉の二一回目の誕生日であった。本来なら祝福されるべき日だが、むしろ逆であった。奇しくも出生の日が敗戦を宣告する日となり、海軍工廠の寄宿舎で詔書放送をきく羽目になるかだった。それだけに敗戦の憤りは深く、敵と一戦交え、刺し違える覚悟もできていた。

野口少尉の行動はけれど高座海軍工廠の方針にそむくものであった。同工廠は小園司令から決起要請の電話を受けたものの回答は曖昧にした。しかしじっさいは応じなかった。

第一相模航空隊も同じだった。詔書放送後の翌日、篠崎磯治司令は小園司令より決起要請の電話を受けたが、「急用があり、あとにしてくれ」と言って電話を切っている。むろんこれは拒否の口実であった。

じっさい篠崎司令は八月十八日午後、第一相模野および兼務する第二相模野両航空隊に総員集合を命じてポツダム宣言および天皇の詔書放送に関する訓示を行っていた。けれどこれに反発するものもいた。小島護上等兵曹、近藤進整備兵曹長など下士官は小園司令に同調し、隊内の下士官の糾合を企図し、篠崎司令の集合命令にはしたがわず、近くの草むらに身を潜め小銃で威嚇射撃さえしていた。

士官集合所は三〇二航空隊の正門を入ってすぐ左手にあった。地下坑道を通って地下防空壕にも通じていた。野口少尉が駆けつけたころにはすでに座間の戦車部隊の中隊長や第一相模航空隊の下士官百数十人が詰めかけ、熱気でむんむんしていた。

戦車部隊は習志野戦車第二連隊の増田忠久陸軍少佐指揮する中隊であった。増田少佐は実弟の増田武久海軍中尉にともなわれて司令室で小園司令と面会した。小園司令の堅い決意に賛意をしめすとともに増田少佐はその場で戦車部隊を率い、東京を占領することに同意するのだった。

戦車第二連隊は通称顕一二三八五部隊と称した。赤柴八重蔵中将第五三軍隷下の独立戦車第二旅団に所属し、海老名に旅団本部を置いていた。これは連合軍の日本本土上陸作戦に備えるものであった。

一九四五年四月、鈴木貫太郎内閣は「決号作戦準備要綱」を発令し、日本列島ならびに朝鮮半島を含む地方ごとに第一号から第七号の防衛作戦方針を示した。とりわけ第三号は関東甲信越の防衛ラインを網羅し、敵の本土上陸は湘南海岸の公算大としてもっとも重視した。増田少佐らの独立戦車第二旅団は九七式戦車および九五式軽戦車を配置し、連合軍の湘南上陸阻止態勢を強化した。

集合所には小園司令の決起に糾合する陸海軍将兵がぞくぞくと駆けつけ、さながら独立混成部隊の様相を呈していた。いつ、だれが名付けたかは不明だが彼ら駆けつけ組みを指して「皇陸海連合軍」と呼ぶようになり、敵の上陸を手ぐすねひいて待つほどに高揚していた。

三〇二航空隊将兵の意気軒高は食糧、武器弾薬の豊富な備蓄にも裏打ちされていた。小園司令は、「四年間は大丈夫だ。安心せよ」と絶えず激励していた。三〇二航空隊が特攻隊編制を実施せず、それによる戦死者を出さなかったのは斜銃戦法の有効性やよりすぐりの搭乗員で布陣したこともあるが、豊富な備蓄も必勝の信念をゆるぎなくさせたからだ。

じじつ佐藤六郎大佐が受け取った吉田英三大佐の報告書には三〇二航空隊の戦力がいかに堅固であるかをしめしていた。

ポツダム宣言を受諾し、敗戦を承服した日本政府は連合軍の厚木基地進駐を迎え入れるため八月二十三日「連絡委員会」を設置し、委員長に有末精三中将を任命した。これは後に有末機関ともいわれ、佐藤大佐も構成員のひとりだった。佐藤大佐は海軍省航空本部より厚木基地を整備せよとの指示を受け、海軍省軍務局の吉田大佐とともに八月二十三日時点における厚木基地の兵員および兵器、弾薬等の数量を調査し一覧書にまとめて提出していた。佐藤大佐と吉田大佐は海軍兵学校の同期生。一覧書とはこのようなものだった。

厚木航空隊（戦闘部隊）司令小園安名海軍大佐　隊員一〇〇〇人
第一相模野航空隊（教育部隊）司令篠崎磯治海軍大佐　隊員二〇〇〇人
第二相模野航空隊（教育隊）司令篠崎磯治大佐兼任　隊員一五〇〇人
飛行機戦闘機　完備六〇機、要修理一三八機　その他完備二三機、要修理九八機
計三一九機
爆弾　八〇〇キロ四〇、五〇〇キロ一〇　その他四三五
機銃　二〇ミリ一八五〇　その他三七〇
その他拳銃　二〇　三七ミリ戦車砲三二　七・七ミリ車載砲二　小銃五〇〇

食糧の豊富さは下士官兵にまで白米が提供されたことでもわかる。斎藤正義海軍飛行兵長は八月十七日の昼食から白米、いわゆる銀シャリにかわったことに目をまるくした。甲種一四期予科練習生であった彼は土浦海軍航空隊から三〇二海軍航空隊に派遣され、厚木飛行場の整備にあたっていた。

けれど七月十五日付けで派遣隊は全員土浦海軍航空隊から三〇二海軍航空隊に転籍編入された。米田整備兵曹長も銀シャリに野蒜の具がはいったみそ汁がついて出たので「あやっ」と思ったくちだ。待遇が急によくなったのがかえって気味悪くなったほどだ。なにしろ下士官兵の食事は麦飯と決まっている。

党与抗命罪・官籍剥奪

八月十六日午後三時三十分ごろ、黄色の将官旗をなびかせた自動車が三〇二海軍航空隊の隊門を通過し、司令部庁舎前で停車した。後部座席のドアが開き降車したのは寺岡謹平第三艦隊司令長官だった。小園司令は窓越しに寺岡長官の姿を認め、説得にやってきたことを察知した。彼がやってくるまですでに各方面からさまざまなかたちで抗戦撤回の工作がおこなわれていたからだ。

徹底抗戦の伝単散布は海軍省をひどく狼狽させ、早くも八月十五日午後四時、小園大佐の司令官罷免、横須賀鎮守府付きを決定し、山本栄大佐七〇一海軍航空隊司令を兼務させた。山本大佐はこれを伝えるため三〇二海軍航空隊に向かい小園司令と話し合った。けれど翻意は得られずやむなく横須賀に引き返した。

翌十六日には米内光政海軍大臣および小沢治三郎海軍総隊司令長官の意向を受けた総隊参謀副長菊地朝三少将が訪れ、同様の説諭をこころみている。同日夕刻には戸塚横須賀鎮守府長官の電話を受け、同司令部への来籠を求められた。けれどこれも黙殺する。出掛ければ身柄を拘束されるからだ。

このようなことがあったのちの寺岡長官の、事前の連絡もない突然の訪問だった。第三航空艦隊は三〇二海軍航空隊の直属部隊。したがって寺岡長官は小園司令の直接指揮官ともいえる。

彼の突然の訪問を警戒した小園司令は隣室に軍刀を携えた菅原副長のほか数名の士官を待機させ万一に備えた。寺岡長官も海軍の短剣を腰に帯び、同伴の副官は肩から拳銃の皮帯を締めていた。このようなものものしい雰囲気のなか、司令公室で対座した。

寺岡長官はひとしきりポツダム宣言受諾にいたった経緯、天皇詔書の真意などを説明し懸命に翻意をうながした。けれど小園司令の執心に変化はなかった。「……君の忠誠心はよくわかるが、場合によっては大忠義も大不忠になる。いまは承詔必謹こそわれら臣民が守るべき唯一の道だ。この点をよくよく熟慮され、誤りなきようにしてもらいたい」

寺岡長官はこう言い置き司令公室を退室した。この後も高松宮宣仁軍令部総長自身が電話で説得をこころみている。しかしことごとく拒否と無視で応え、小園司令は徹底抗戦姿勢をかえることはなかった。

海軍省による三〇二海軍航空隊司令罷免による転属命令無視、寺岡長官の翻意拒否。これらのことがのちの一月十六日横須賀鎮守府でおこなわれた臨時軍法会議において小園安名大佐に対する党与抗命罪被疑による無期禁固判決および官籍剥奪の失官に処せられるのであった。

徹底抗戦決起不発

小園司令の徹底抗戦の信念はいかなる説得にもゆるがず、岩盤のように強固であった。けれどさすがの彼でもどうやら病魔には勝てなかったようだ。マラリアが悪化し、高熱で人事不祥に陥ることしばしばであった。ベッドで横臥したと思えば突然立ち上がり、両手を振り回しながら脈絡もない言葉を大声でわめく。あるいは褌ひとつで司令部の窓から飛び出し、「アマテラソウミカミ」などと絶叫する。

褌すがたで本部前庭を徘徊するなどほとんど常軌を逸する錯乱状態だった。そのつど軍医が麻酔薬を注射して落ち着かせるが、麻酔から覚めるとまたもすごい力で暴れだすありさまだった。小園司令の異常さは隊内全体に知られるようになり、下士官兵のあいだでもささやかれていた。

小園司令の病状はけれど日ごとに悪化し、執務に困難をきたすまでになっていた。八月十九日横須賀の野比海軍病院に入院措置をとったのはこのためだ。この日大井篤大佐は高松宮軍令部総長の依頼で説得のため三〇二海軍航空隊を訪れていた。大井大佐は小園司令とは海軍兵学校時代の同期だった。

このとき対応したのは、ベッドに横臥中の小園司令にかわって菅原副長だった。さらにここに畠山登横須賀陸戦隊参謀と阿部雅之軍医中佐が加わり、小園司令の今後の対応が協議された。四者はここで小園司令を強制入院させることで合意する。このころより菅原副長の姿勢はやや軟化に向かっていた。

八月二十日、菅原副長は吉野実少佐をともなって高松宮軍令部総長と面会し、ここで高松宮軍令部総長からはっきりとポツダム宣言受諾は天皇陛下の御聖断であることを告げられ、三〇二海軍航空隊の事態収拾と沈静化を改めて命じられた。

帰隊後菅原副長は士官全員の集合を命じ、新たに三〇二海軍航空隊司令に就任した山本司令とともに士官休憩室に入った。菅原副長は高松宮総長の言葉を伝えるとともに山本司令就任を改めて訓示した。

このころには寺岡第三航空艦隊司令長官も艦隊旗を厚木に移動するため菊地海軍総隊参謀副長とともに三〇二海軍航空隊に到着し、さっそく山本司令に事態の収拾と明朝小園大佐の入院を下命するのだった。

翌二十一日午前八時、菅原副長はスピーカーを通じて号令台前に総員集合を命じた。台上にのぼった菅原副長はここでふたたび高松宮総長の言葉を述べ、軽挙妄動をいましめる。つづいて山本司令も台上に立ち、挨拶もそこそこに三〇二海軍航空隊の解隊を宣言するのだった。

三〇二海軍航空隊の終焉であった。開隊からわずか二年半たらずで三〇二海軍航空隊は歴史から消滅した。同時に三〇二海軍航空隊徹底抗戦決起事件も不発に帰した。ただし小園大佐はこれを知らない。同日早朝彼は麻酔薬を注射され、手足を縛られ、昏睡状態で自動車に乗せられ野比海軍病院に強制入院させられたからだ。

抗戦継続断念を告げられたとたん意気消沈し、呆然と号令台前に立ちつくした小泉武飛行兵長は寺岡長官の解隊命令で八月二十一日の午後には三〇二海軍航空隊の隊門を出たがなにやら釈然としない気持ちだった。

決起の際には先輩搭乗員に呼応するとあれだけ誓っただけでなく武器弾薬を奪取して丹沢の山岳地帯に立て籠もり、敵の上陸部隊にゲリラ戦を展開する計画まで徹夜で綿密に練りあげたにもかかわらずすごすごと立ち去るのに納得できなかったのだ。

だから故郷の房総半島の漁村の家に復員する間際になってもまだ、一朝ことあればふたたび三〇二海軍航空隊に駆けつけゲリラ部隊に加わるのだぞと誓い合い、隊門を出るとき持たされた竹槍を振り上げ、「エイエイオーッ」の鬨の声挙げて予科練同期の仲間と別れるのだった。

高松一郎整備兵長も悔しさと無念さでとめどもなく流れる涙を拭いもせず月光のプロペラをはずし、斜銃を取り払い、タイヤの空気を抜いて飛行不能としたうえさらに格納庫前にならべて一斉に爆破する解体作業にかかわるのだった。

決起のときは分隊長から与えられた散弾銃を手に決死隊を組み、機体もろとも自爆覚悟で格納庫に立て籠もった。それだけに抗戦断念には不満ばかりが残り容易におさまらなかった。高松整備兵長はしかし九月になってもなお隊内にとどまり、残務整理にかかわった。これは八月二十八日、マッカーサー連合軍総司令官を厚木基地に迎えるためだった。

八月二十一日、つまり小園大佐が野比海軍病院に強制入院させられた日、陸軍総参謀次長河辺虎四郎中将一行一六名は、米太平洋軍参謀長サザーランド中将より受領した降伏文書および要求事項に関する文書を携えてフィリピン・マニラから空路帰国した。要求事項はのちの九月二日、戦艦ミズーリ号上で行われる降伏文書調印によって一般命令第一号の一部となるものだが、同要求の厚木基地関連事項は以下の通りだった。

(一) 先遣隊約一五〇名は航空機約四五機をもって八月二十六日午前九時厚木飛行場に着陸。右に対する安全保障は八月十五日午後三時までに完了のこと。
(二) 日本国大本営は厚木基地のすべての戦闘部隊を撤退させる。
(三) 厚木飛行場の整備は常時続行のこと。
(四) 日本政府及び大本営は八月二十六日午前六時を期して次の要求を実施せよ。
(イ) 連合国最高指揮官の厚木到着後はすみやかに随時緊急問題解決のため大本営との協議を準備せよ。

（ロ）第一次撤退地区に精通した当該地区案内者及び通訳一二五名を準備せよ。

日本政府は連合国軍進駐を受け入れるため横浜地区占領軍受け入れ設営委員会を設置し、秋山理敏全権公使を任命する。大本営も厚木終戦委員会を設置し、有末精三中将を委員長に任命した。さらに厚木基地は海軍側の管轄にあることから山澄忠三郎大佐が任命された。これらはそれぞれ有末機関、山澄機関といわれた。

有末機関は厚木基地の隊門外のバラック兵舎を使用し、基地整備の指揮を執った。なにしろ二十六日には先遣隊が到着する。このときまでに要求事項を完了させなければならない。有末委員長は厚木基地に残った下士官や兵、海軍工廠の工員など八〇〇人を動員し残骸やごみくずの撤去、滑走路や路面の整地を急いだ。

マッカーサー総司令官の厚木到着は八月三十日に順延された。台風の影響だった。もっとも河辺中将はこのように事態を予想し、連合国軍の日本進駐を九月に、と要望したが聞き入れられなかった。

高松整備兵長の除隊がおくれたのはこのような残務作業にかかわったためだが、けれどそのため八月三十日、まずＣ54型陸軍輸送機による空挺部隊が続々と厚木飛行場に飛来するのにつづいて午後二時、Ｃ54型輸送機パターン号が厚木飛行場の一八〇〇メートル滑走路に滑り込むように着陸するのを格納庫前に直立不動の姿勢で立ち、見届けることにもなった。そしてこう実感するのだった。

「終わったな……これで、戦争も」と。

満州国務院決起事件

首都移転是か非か

満州国務院総務庁長官室では満州の首都を新京から通化省大栗子への移転、つまり遷都をめぐって武部六蔵総務庁長官、古海忠之次長、高倉正企画局副局長ら高官が八月十日につづいて十一日も会議を繰り返していた。会議は関東軍司令部より首都移転をすみやかに実施すべしとの要請に対しいかにすべきかに関するものだった。

武部長官は一九四五年八月十日、秦彦三郎関東軍総参謀長より電話で呼び出しを受けて関東軍総司令部に赴いていた。これは前日につづくものだった。けれど秦総参謀長は作戦準備に追われ、要点だけ話すと途中で退席し、くわしい説明は松村知勝参謀副長にまかせた。

「我々は明日作戦の都合上、計画通り司令部を通化省に移す。そのため皇帝および満州政府、特殊会社の首脳陣もともに移っていただきたい。これは総参謀長もいわれたように関東軍の意志であり命令でもある。通化省においては諸機関の受け入れ態勢もすでに万全であり業務再開に支障はない。あと二、三日もすれば首都新京は確実に敵砲火の着弾圏内に入るおそれもあり、在留邦人の疎開もすぐに実施し、本日の夕刻五時までに各町内会別に最小限の身の回り品と軽装で新京駅に集合するよう願いたい」

松村参謀副長の言葉は前日九日の説明よりさらに踏み込んだものになった。九日午前三時ごろ武部長官は秦総参謀長より緊急電話を受け、出頭を命じられるとともにソ連が宣戦布告し、対日参戦に踏み切ったとの事実が伝えられた。この電話が満州国務院政府に入ったソ連軍の満州侵攻に関する第一報であった。

秦総参謀長の呼び出しを受けたのは武部長官だけではない。満州の主要な特殊会社の吉田悳満州電々公社総裁、山崎元幹満州鉄道総裁、西山勉満州中央銀行総裁、大迫幸男新京特別副市長なども早朝から関東軍司令部に出頭していた。総司令部は新京市街中心地の大同大街と興仁大街が交差する地点にそびえ立ち、庁舎はあたかも天守閣を模していた。

ここであらためて武部長官は秦総参謀長より一九四五年八月九日午前零時を期して

ソ連は日本に対し宣戦布告し、新京、ハルピン、牡丹江など主要都市を爆撃するとともに国境を突破し、満州侵攻を開始したこと、戦車部隊を先頭に新京に向かって進撃中であることなどが伝えられた。けれど秦総参謀長は事実だけ述べて政府や特殊会社に対する今後の方針などはとくに示さなかった。それでも武部長官はさして驚きはなかった。

五月から六月にかけて断続的に、ソ連軍の満州侵攻を想定し、関東軍第四課参謀原善四郎中佐らと総務庁とによる軍官合同協議をかさね、政府として取り組むべき作戦計画をすでに策定済みであったこと、同じころ、海外赴任中の首脳陣を東京に集めて開かれた外地首脳者会議に古海次長とともに出席したさい鈴木貫太郎首相が会議終了後、締めくくりの挨拶で、「外地のものがこうして一堂に会するのもたぶん最後になると思う。しかしそれぞれの地域においてできるだけ努力してもらいたい」と述べたことで日本ともども満州も苛酷な運命をたどること、予感したからだ。

ただソ連軍の侵攻がこの時期になったのは予想外だった。関東軍総司令部のこれまでの説明では、軍備状態や自然条件から推測してソ連軍の侵攻は冬季前の九月ないし十月ごろとされていた。総務庁もだからこれを前提に避難計画などの政策遂行にあたった。

もっともこれは総務庁の反応であり他はそうばかりではなかった。とくに西山満州中央銀行総裁の驚きは浅くなかった。ソ連軍の侵攻など予期していなかったのだ。西山総裁は牡丹江やハルピンなどの方面軍首脳とも頻繁に情報を交わしていたほか中央銀行から地方支店に交付される紙幣の数量からも前線部隊の動向をある程度把握していた。

送金は前線部隊の資金源であったからそれが多ければ多いほど危険性が高まったことを意味する。しかしそのような予兆もなかっただけに西山総裁はソ連軍の侵攻は寝耳に水であった。

移転準備は途上

松村参謀副長の説明にはしかし若干の誤りがあること武部長官は知っていた。通化省での諸機関受け入れ準備は可能であり業務再開にはなんら支障がないと松村参謀副長は語った。けれどじっさいはそうでなかった。

確かに五月ごろから今利龍雄中将指揮する第一二五師団隷下部隊が満州北部の神武屯から通化省に南下し、関東軍司令部あるいは政府機能、皇帝溥儀等の通化移転に備えたインフラ整備にあたっていた。

けれど八月の段階でようやく木造平屋建の司令本部が完成した程度にすぎず、肝心の皇帝溥儀の仮宮殿も政府庁舎もまったく手付かずのままだった。通化省の整備状態は地方公署と綿密に連絡を取っているから逐一把握していた。だから武部長官は政府の通化移転に難色を示すのだった。

「軍の命令とあれば従いますが、ただし肝心かなめの受け入れ態勢はいまだ整備途上とも聞きおよんでおり、政府機構の全面的移転は不可能かと。あえて強行すれば混乱で機能低下を来し、かえって逆効果というものです。したがって移転は満系首脳と自分、それに一部日系の官吏にとどめたいと思います」

政府側の立場を武部はこのように述べ退室した。とはいえ関東軍の命令であれば無下にはできない。関東軍は、「中央、地方官署の官吏にも日本人を任用し、選任、解任は関東軍司令官の同意を要件とする」ことが一九三二年九月、満州政府が調印した日満議定書で規定し、人事権を握っているからだ。

松村総参謀副長の説明で関東軍の方針が明確に示された。今度は政府の方針を明確にする番だ。武部長官は急ぎ総務庁庁舎二階の長官室にもどり、またも隣室の山田秘書官に電話の発信を命じた。

「日系首脳と特殊会社の責任者を急ぎ呼び出せ。これから緊急会議を開くと伝えるんだ」

またも、といったのは、松村総参謀副長と会うまえ長官室に立ち寄っていたからだ。

このとき西満寿街の長官邸から一キロほど離れた総務庁まで暗がりの道を足早に向かい、長官室に入ると同時に隣室に待機していた山田秘書官にこう命じた。

「日系首脳に電話しろ。緊急事態が発生した。即刻登庁せよ、とな」

日系首脳とは満州国務院政府の各部次長および局長、科長などを指す。国務院は満州国を統治する行政の最高意思決定機関であり、日本の省に相当する部と総務庁で構成する。国務院の長は国務総理であり各部の長は大臣であった。

関東軍司令部から三時間後、武部長官はふたたび長官室にもどった。ほどなくして長官室には古海次長のほか高倉企画局長、下村信貞外交部次長、関屋悌蔵厚生部次長など各部長、特殊会社の責任者らがつぎつぎと集まった。そこで武部長官は早朝関東軍司令部に出頭したこと、松村総参謀副長より軍の方針が示されことなどを伝えた。

つまり関東軍司令部の通化移転、それにともなう皇帝、政府および特殊会社の通化移転、日本人居留民の疎開実施などだ。けれど武部長官は説明だけおこないこの後の協議については古海次長にまかせて中座した。

張恵景国務院総理に同様の説明をおこなうとともに総理の権限をもって国務院会議

ならびに参議府会議をただちに召集するため総理官邸に向かったのだ。総理官邸は長官官邸と隣り合っていた。

移転容認で政府方針決定

会議を引き継いだ古海次長は政府の通化移転について具体的協議に入った。古海次長は役職上、総務長官に次ぐナンバー2であったが実質的には長官をしのぐものがあった。

彼は一九三二年三月の満州国成立直後の七月、大蔵省の職を投げうって国務院総務庁に入庁し、以来一三年間満州国における国政全般を知り得るだけでなく、阿片の専売制と国家統制を目的にした『阿片法』制定、『満州国産業開発五ヵ年計画』、さらには日本国の特権を廃する『治外法権撤廃』などさまざまな政策決定に深く関与し、新国家満州の国造りをささえた。したがって満州政治の表裏を知る数少ないいわばキーマンであり、彼が「満州国の副総理」と称されるゆえんもここにある。

古海次長も政府の通化移転には同意しかねるものがあった。交通も通信も入居施設もまったく不完全な山岳地帯だったからだ。なにしろ通化省は数年前まで地図にも描かれない空白地帯だった。満州国領土でありながら国家の統治は行き渡らず、それがために反満抗日勢力が跋扈し関東軍の討伐隊も掃討に手を焼くほどだった。

治安悪化や通信網の不備に加えて庁舎も職員の宿舎も食糧の確保も整備されておらず、すべてがこれからという状態だった。それに非常時であればなおさら中央政府の存在がいっそう重要になる。地方の官公署は中央政府の指示、要請、決定を求めるからだ。

民心の動揺も防がなければならない。政府の通化移転は国都を放棄したに等しく、日本人居留民が受ける精神的衝撃は小さくない。だから古海次長は政府の全面的通化移転を留保し、そのかわりとして以下のような次善の策を述べた。

「軍の指示には従わざるを得ない。そのためひとまず総理および部長、長官に通化へ移ってもらう。しかし私はこのまま新京にとどまる。総理と長官の決裁印を預かり、この難局に対処し、国民と生死をともにするつもりでいる」

満州の国家建設に当初から関わった。ならば討ち死に覚悟で最期の死に水をとってやる。それが産婆役としてかかわったものの努めではないか。古海次長はこうほぞを固めた。各部次長もこれに同調し、新京残留で全員が一致した。

これを受けて古海次長は各省長および新京特別市長に対し次のように政府の初動緊急措置を電話で通達した。緊急事態に備えて政府はかねてから電々公社に依頼し全国の各省公署に一斉通話が可能な対策をとっていた。

一、ソ連が対日宣戦布告した。
二、ソ連は国境全線から満州に侵攻を開始した。
三、治安確保について関東軍出先司令の指揮に従い、万全を期す。

総務庁の方針は決まった。総理官邸におもむいていた武部長官も張総理に関東軍がしめした方針を説明するとともにただちに国務院会議および参議府会議の召集を要請した。

総務庁は総理の補佐役であった。国務院総理は最高統治者である満州国皇帝の信任を受けた唯一の国務大臣であった。ほかの各部大臣とこの点がちがった。各部大臣は国務院総理が任命したものだからだ。したがって総理は各部大臣に対する命令、任用、解任の権限を有していた。

唯一の国務大臣として国政全般をになう総理の権限は絶大であった。けれどひとりですべてをこなせるものではない。これを補佐するのが総務庁だ。総務庁はいわば総理大臣の右腕として政策、財政、法制、人事、地方行政、民政、外交、機密等々総理が統括するこれらの権限一切を執行した。

そのため実質的には総務庁の承認を得ないかぎり各部大臣は行政執行を行使できなかった。「総務庁中心主義」あるいは総務庁長官を指して「国務総理」と称するのもこのような理由による。

張総理の召集で各部大臣による国務院会議が開かれた。同会議はいわゆる満州の閣僚会議だ。政府の通化移転は張総理の「好阿（よろしい）」のひとことで決定した。無論この後に開かれた参議府会議も同じく総理の鶴の一声で決定した。この回答を持ち帰った武部長官は総務庁閣内一致で政府側も通化移転を容認した。けれど政府機関の移転が決定した以上もはや内においてさらに今後の対応を煮詰めた。いよいよ『な号作戦』発動の時が迫ったことを古海次長は察した。

『な号作戦』策定

高倉正企画副局長のデスクには『な号作戦』の文書がそろっている。企画局長は古海次長が兼務しているが実務は高倉副局長がになっている。文書には『な号作戦』の概要および具体的な作戦計画がこのように記載されている。

一、皇帝の安全と警護
二、治安対策と人心の把握
三、経済対策と労務問題
四、政府機関の移転と権限の地方移譲

したがって高倉企画局長が文書の表紙をめくったときこそ事実上『な号作戦』が発動される時だ。

『な号作戦』は一九四五年三月一日から五日間、関東軍司令部の真ん前、新発路に面して建つ軍人会館に関東軍側から松村総参謀副長ならびに第一、第二、第四各課参謀、政府側からは高倉企画副局長、緒方浩企画局第一部長、原純夫第二、石田芳穂第三各部長ならびに大畠一夫、岡村安久両参事官が参加し、「もしソ連が参戦したならば」との想定をもとに積み上げた議論を集約したものだ。

『な号作戦』は満州国の存立を左右する機密であり、会議は極秘でおこなわれた。『な号作戦』を、ではいかに具体的行動に反映させるか。各委員の議論はここに向けられた。

作戦計画をたたき台に四月から実質論議に入った。毎週木曜日を定例会と定め、政府側から武部総務庁長官以下日系首脳が出席し、関東軍側からは原善四郎第四課課長が出席した。以後同会議を「木曜会議」と呼び、原参謀が軍側の窓口となって毎週欠かさず開かれた。

岡村参事官の業務は多忙になった。『な号作戦』でしめされた計画に関する具体的な行動策定を一任されたからだ。岡村参事官は企画局政治部に在籍していた。さきに述べたように総務庁は国務総理の補佐機関であった。けれど実質的には総理に成り代わって権限を行使し国策を主導した。しかも総務庁長官をはじめ首脳陣は日本人官吏の定位置であった。

企画局はさらに日本人官吏だけで占め、他の民族は加えなかった。それは企画局は満州国の政策、財政、外交等の策定立案する中枢機関であったからだ。そのため企画局で策定立案された諸政策が総務長官、国務院総理へと挙げられる。職員が、企画局こそ政府の中の政府と自負する理由もここにある。

もっとも満系の人士に政策立案は期待できなかった。腕力と狡智で成り上がった地方軍閥。彼らに近代的政治構想や国際関係、まして近代的国家像など望むべくもなかった。なにしろ国務院総理の張恵景からして文章の読み書きができず、執務のかたわら文字の手習いをはじめるありさまだった。

ただでさえ根こそぎ動員で男子職員はつぎつぎと入営し人手不足のうえ毎週木曜日の定例会議に提出する要綱づくりが一気に増した。岡村参事官はそのため定例会議に間に合わせるという時間的制約に加えて極秘扱いの『な号作戦』の漏洩を警戒しつつ作業に集中するため雑音を避けるといった二重三重の重圧のなかでの作業が強いられた。

庁舎を離れて官吏会館や新京駅から京図線で下九台駅に行き、日本人が経営する駅前のホテルに籠もりながら要綱作成に没頭した。川釣りが趣味の岡村参事官は下九台にはたびたび来ていた。飲馬河が流れかっこうな釣り場だったのだ。

雑音や来客を避けて作業に集中するにはちょうどよいホテルだった。なにぶんにも国政全般を平時から戦時体制に全面転換し、国力および民意のすべてをここに集中させるため宗教問題や民族問題も検討対象となり、作業は難航した。

満州国は日、満、蒙、漢、朝など五つの民族が協和し、道義を重んじる道義的理想国家を目指した。国務院正面入り口を奥にすすむと大きなシャンデリアが下がるフロアがあり、壁には画家の岡田三郎助が描いた和服姿の日本人女性を真ん中に左右二人、民族衣装で着飾った女性が軽くスキップする額がかかっている。これはいわゆる五族協和を象徴する絵だが、けれど所詮満州はモザイク国家。言語も生活習慣も国民性も異なる。平時であればそれなりに均衡を保っているがひとたび非常時に陥れば双方の利害が衝突して民族対立が激化し、日本人はソ連軍と民族対立の挟み撃ちに会いかねない。

人種問題に加えて宗教問題も検討対象から除外した。回教徒もいればラマ教徒、仏教徒もいる。さらに儒教や土着宗教を信仰するものもおり、それぞれ長い歴史と伝統を守っている。これを無視して統一を求めれば摩擦は避けられずかえって分裂のもととなり逆効果。

民族の利害が複雑に絡み合う複合国家満州の宿命としてこれらの問題を円満に解決する特効薬などない。だからこそますます東洋的王道主義が重要な鍵となり、真価が問われる。そのため岡村参事官は五族協和の均衡が瓦解し、国難に至ったさい、五族協和の中核をになうものとして日本人は他民族の審判をいさぎよく受けるべしと意を決し、作戦計画策定に取り組んだ。

そのため政府側がとるべき作戦計画として岡村参事官は以下の点を示すのだった。つまり前述した四点に加えてさらに五月に開かれた「木曜会議」で了承された以下の三点がそうだ。

一、関東軍は朝鮮北部を含む通化地区に第二防衛陣地を構築する。これに呼応して政府は自給自活の生産体制を整備する。
二、持久戦対策の一環として鉄鋼および決戦兵器の生産施設を山間洞窟に確保する。
三、阿片を通貨代用として利用する

岡村参事官によって『な号作戦』の骨格が示された。ただちに木曜会議に諮られ正式に採用された。この後これは計画書として三部印刷され、関東軍、総務庁、企画局にそれぞれ配布される。企画局の分は岡村参事官が責任者となってキャビネットに保管した。そのためキャビネットの扉が開けられ、計画書が岡村参事官から高倉企画副局長に手渡されたときこそいよいよ『な号作戦』の出番だ。

『な号作戦』発動

高倉企画副局長の机の上には『な号作戦』の計画書が置かれている。これは岡村参事官に命じてキャビネットから出させたものだ。

高倉企画副局長は、武部長官が松村総参謀副長との話をおえてふたたび長官室にもどり、松村総参謀副長より受けたソ連の対日宣戦布告、ソ連軍の満州侵攻の事実等に関する説明を受けたが、これらはすでに予想の範囲でありうなずきこそすれ驚きはなかった。

むしろ彼の関心は発生したことにより今後いかに対処するか、こちらにあった。そのせいもあり高倉企画副局長は武部長官の説明を待って会議を中座し、急ぎ企画局にもどると岡村参事官に命じるのだった。

「急いであれを出せ」

「わかりました」

参事官たちも山田秘書官から緊急電話を受け登庁するとともにそれぞれ自席についていた。とくに企画局は日系官吏のみで固めていたから互いにツーカーの関係にあり対応も素早かった。他の部局には満系、漢系あるいは台湾系などの官吏も少なくなかった。これが少なからず意志の疎通や会話の壁となっていた。

岡村参事官は鍵を持ち、キャビネットが並ぶ別室に入った。キャビネットの鉄製の扉には「永久保管」「非常持出」「持出禁止」などと赤文字で記した張り紙がなされていた。それぞれの張り紙は機密性の高さをしめすものだ。一九三二年三月の建国以来一三年間にわたる満州国の内政、外交、国防、経済、皇室、民生、日本との軍事協力、さらには建国の人柱となり「五族協和」「王道楽土」の満州国建設に身命を賭けた先陣たちの苦難等々の歴史を克明に記録した重要文書が収納され、『な号作戦』の計画書もそれらとともに収められている。

だから「あれを出せ」とは『な号作戦』の計画書をさすこと岡村参事官はわかっていた。『な号作戦』は満州国が非常事態に至ったさいに執るべき政府の方針をしめす計画書であり、その具体的計画は岡村参事官がホテル等に缶詰状態となって作成したものだ。

『な号作戦』の持ち出しを命じられたことで岡村参事官は満州国も非常事態に至ったことを察した。むろん彼はそのような懸念などおくびにも出さず無言で文書を高倉副局長に渡した。高倉副局長もそれを受け取るとまた会議室にもどり自分の席に文書を置いた。同時に武部長官をはじめ首脳たちの視線が文書にそそがれた。

『な号作戦』の計画策定にあたって開かれた木曜会議には総務庁長官以下各局長、各部次長それに企画局参事官などほとんどの日系官吏が参加していたので内容は熟知しており、高倉副局長が文書を会議の場に持ち込んだ理由もしたがって何を意味するかわかっていた。満州国政府もついに決断すべきときがきた、ということだ。

『な号作戦』計画書をもとに政府の執るべき善後策を協議した。とはいえ結論には至らなかった。当然であったろう。各部ともそれぞれ事情がありただちに取り組めるものではない。計画を実施するにはまず部内の意志統一をはかり、そのうえで何を残し何を移転するかの調整、準備、人員の選定、配置転換等なすべきことが多い。そのため会議ではさまざまな意見が噴出し結論は持ち越された。けれど高倉企画副局長は結論の有無にかかわらず岡村参事官に即刻全満各省公署に次のような政府方針を電話通告せよとの指示を与えた。

一、政府の権限を地方公署に移譲する。地方公署は臨機の処置を探るべし。
二、関東軍地方方面軍の指揮下に入り、軍政下で行動すべし。
三、治安確保に万全を期すべし。
四、所属官吏には一年分の奉給を前渡しすべし。

通告は企画局が地方公署に発した最後の電話であった。ところがじつは総務庁と電々公社間の電話が故障し連絡がとれなかった。岡村参事官は仕方なく車で、と思った。だがこちらも全車、通化移転に早朝から駆り出されて車庫はがら空きだった。

大同広場に近い電々公社まで二キロほど。徒歩で行くには距離がある。車がだめなら通勤に使っていた自転車で、と思ったところに折よく配送をおえた黒塗り二頭立ての幌馬車が正面玄関に戻って来た。岡村参事官はそれに飛び乗り行く先を告げた。

満系の男は終始愛想がよくいかにも好々爺といった人物だった。いつもなら電々公社につづく興仁大路は馬車の往来がはげしく、馬糞拾いの人夫もせわしなく馬の尻を追いかけるものだがそれすら見えない。わけは、すこしだけはなせる男の日本語でわかった。通化移転がはじまった関東軍司令部が馬車の徴発をはじめたからだという。

八月十日には『な号作戦』の（一）が発動された。これによって各地方公署は総務庁の指示によらず独自の判断で対処することになった。けれど肝心の総務庁の対応はいまだ決しかねていた。長官室の電灯は明るく灯された状態で八月十一日を迎えていた。もっとも電灯には黒い布で覆いがかけられ室内は薄暗かった。前日同様十一日も長官室では通化移転をめぐる議論がつづいていたのだ。

総務庁のなかにも関東軍の命令にしたがい通化移転を容認する意見もあった。緒方浩第一部長はそうだった。彼は、古海次長が関東軍第四課参謀原善四郎中佐から毎日のように呼び出しを受け、政府の通化移転と業務の正常化を再三要請されていることを知っている。にもかかわらず長官室ではなおも議論がつづき、落としどころに苦慮している。だから緒方部長は、もはや議論の余地はないとして古海次長にすみやかな通化移転を求めるのだった。

満州国務院総務庁武装決起事件

しまりのない議論に見切りをつけた緒方部長は、かくなるうえは最後の手段に訴えてでも決着をつける決意だった。武力行使にでたのだ。岡村参事官も異論はなく緒方部長に同調した。

「すまんが急ぎもどってくれ。事態は切迫しているんだ」

電話は緒方部長からだった。

来るべきときが来ってことか――。緒方部長の緊張した声で岡村参事官はすべて察しがついた。決起のときが来たということだ。決起するならいまをおいてないと岡村参事官も思った。

それはこのような理由からだった。通常なら給与の支給は毎月二十一日と決まっている。それが八月にかぎって前渡し。しかも二ヵ月分、この日にはやばやと給付され、事実上国務院総務庁企画局に奉職した八年間の官吏生活が解かれたのがまずひとつ。ふたつめは、張恵景総理から総務庁保管の重要書類の焼却が命じられたことだ。

根こそぎ動員であらかたの男性職員は関東軍に召集されたため岡村参事官は女性職員の手を借り「非常持出」「持出禁止」「永久保管」などの張り紙がなされたキャビネットの中の書類を抱えながら二階から地下二階のボイラー室に運んだ。総務庁企画局は庁舎二階にあった。地下は一階が職員の食堂になっており、地下二階は倉庫やボイラー室になっている。冬季ともなるとボイラーで過熱したスチームが全館を暖房している。

時ならぬ点火にさだめしボイラーは驚いたにちがいない。岡村参事官は大量の書類をボイラーにほうり込んだ。それらはどれも満州建国一三年の歴史を記録する貴重なものであった。けれどボイラーにくべてしまえばたちまち炎となりあっけなく灰と化す。

「『五族協和』『王道楽土』の理想国家も所詮砂上の楼閣、一炊の夢にすぎなかったか……」

炎をみつめながら岡村参事官はこう思わざるを得なかった。

ふたたびゲートルを巻きなおし、鉄帽の緒をかたく結んで自転車にまたがった。通勤路である五色街から順天公園に抜ける街路は森閑としていた。夜間のせいばかりではない。新京は女性と老人と子供しか残っていないせいだ。関東軍は「全員軍事動員令」を発令し、青壮年に召集をかけたため街から男たちが消えてしまったのだ。企画局二階に向かう階段を駆けのぼり、岡村参事官は企画局のドアを押し開けた。企画局は三ヵ月ほどまえの五月、業務の拡大強化をはかるため「処」から「局」に格上げされた。部屋にはすでに同僚の大畠参事官も駆けつけていた。

「おぉー来たか。さっそくだがこれから事務所に行く」

緒方部長ら三人はふたたび階段を降り大同広場から長春大街の道路を横切った。向かう先は三京公司だった。同社は半官半民の会社。社長の外川理雄は陸軍士官学校卒業の退役将校だったことから関東軍とも通じ、社員も予備将校や下士官上がりがほとんどであった。事務所には戸川社長のほか九人の社員が待機していた。彼らも鉄帽に軍靴姿だった。

「大丈夫か。ぬかりはないか」

「大丈夫です」

「用意はできてるんだな」

「できてます」

「じゃあ、すぐ行こう」

緒方部長は武器弾薬の準備を確認したのだ。戸川社長の返事で事務所前の路上に停めてあったトラックに全員乗り込んだ。荷台には一一梃の小銃と実弾、それに手榴弾を梱包した木箱が積み込まれている。それを見た岡村参事官は、武器にしろ戸川の連携にしろすべて緒方部長が周到に根回ししていたことがわかった。

これらの武器で武装した一三名を率い、緒方部長はこれから総務庁長官室に乗り込み武力に訴えてでも総務庁の即刻通化移転を要求する腹づもりだった。一三名はそのため決起反乱部隊となった。

小銃で武装した決起反乱部隊を乗せはトラックは暗闇の大同大街から順天大街を走った。けれど大畠参事官も岡村参事官も小銃の扱いに自信はない。関東軍の指導で軍事教練を受けたが本格的な戦闘にはとても耐えられるものではなく、真似事にすぎなかった。

八月九日のソ連軍機による空襲以後、新京の街には灯火管制が敷かれいっそう暗くなった。トラックはほどなくして総務庁の正面玄関前で停車した。運転手だけ残して武装集団は緒方部長を先頭に庁舎内に踏み込んだ。

鉄帽に小銃を携えたものものしい一団に守衛はあわてて飛び出し制止しようとした。だが緒方部長の、「入るぞ」との鋭いひとことでひるみ、無言で守衛室に引っ込んだ。

階段をのぼり、二階奥の総務庁長官室の前に立った。総務庁武装決起事件の勃発であった。ドアを開ければ室内には前日に引き続いて十一日も会議を続行中の武部長官らがいる。ドアの前で一団を横列させた緒方部長は日本刀の柄頭に両手を重ねこう訓示した。

「今後の行動はいかなる場合でも戸川社長の指示にしたがってもらいたい。とくに命令がないかぎり絶対に引き金には指をかけないこと、いいな」

一九四〇年六月、満州国最高検察庁検察官から総務庁企画局第一政務部長に抜擢された緒方部長には元検察官らしい峻厳としたものがあった。じっさい一九四四年夏から冬にかけて大連、鞍山などの工業地帯がB29の爆撃を受けたとき関東軍総司令部に乗り込み、草地貞吾大佐に、「米国に対し満州国もいますぐ宣戦布告すべきだ」と訴えるなど硬骨な一面を見せている。

訓示後緒方部長はドアを開け、単身長官室に踏み込んだ。ドアは開け放ったままだ。寸刻後、緒方部長の声が廊下にも響いた。

「関東軍の方針は通化移転で決定し、すでに一部の部隊は移転をはじめているにもかかわらずいつまで締まりのない会議をつづけるつもりなのだ。いまは一刻も早く移転して政府の立て直しをはかるべきじゃないのか。このさきもだらだらと時間を引き伸ばし、軍の命令にそむくなら軍にかわって成敗するっ」

裂帛の気合もろとも日本刀の鞘を払い、大上段に振りかぶった緒方部長が部屋の奥に座る武部長官に迫るのを岡村参事官は見た。

武装集団の突然の乱入に長官室はたちまち騒然となった。机の上の書類がばらばらと床に落下し、インクスタンドが倒れ、デスクの上にインク溜まりができた。椅子から立ち上がりざま数名の参事官が緒方部長を背後から羽交い締めにし、動きを封じた。

緒方部長は懸命にもがき、「止めるなっ。貴公らには用はない。長官の決断を聞きたいんだ」と叫んだ。

「待て待て緒方、早まるな」

古海次長が制止した。彼は「満州の副総理」ともいわれ、切れ者として知られている。満州建国以来一三年間満州政府の中枢部に仕え、満州の表裏を知りつくす人物であった。そのため実質的には総務庁長官をもしのぐ発言力をもっていた。

古海次長の制止につづいて武部長官も大きくうなずきながら、「わかったわかった」となだめた。

「協議はおおむね煮詰まった。そっちの方向で固まっているのでここはこのまま鉾をおさめてもらいたい」

移転か籠城か。会議は紛糾したが移転の方向で決着がついた。青木実経済部次長などは、関東軍が通化移転したことで戦争の帰趨はもはや決した。政府までも在留邦人を置き去りにして逃げ出すわけにはいかない。身命を賭けて築き上げた満州国ならば運命をともにするのは本望ではないか。政府とともに討ち死に覚悟との心情を切々と述べ通化移転に反対し、大方の次長もこれに同調した。

会議が長引いたのはこのような事情によったがそれもようやく落としどころが決まった。そうであれば無用な血を流すことはない。緒方部長は日本刀を鞘に納めた。それを見届けた大畠参事官は自分の小銃をかたわらの岡村参事官にあずけ、緒方部長の身柄を引き取るため室内に入った。時計の針は二十二時をまわっていた。武装決起部隊はトラックでふたたび三京公司に引き返した

『な号作戦』貫徹

政府機関の通化移転決定で『な号作戦』(四)は動き始めた。すでに国務院側も十日につづいて十一日も各部大臣と参議府の合同会議が開かれていた。これは武部長官が関東軍総司令部の命令だとして政府移転をすみやかにすすめるよう張恵景総理に伝えていたからだ。

紆余曲折はあったものの参議府側も移転に同意した。残るは（一）（二）（三）であった。（一）の皇帝溥儀の安全と警護、これはとくに厄介な問題であり一筋縄ではいかない。皇帝溥儀の通化移転と新京をいかに戦火から守るか。二つの事柄を並行して取り組むことになるからだ。この点で総務庁各部長の意見は割れた。

皇帝溥儀の通化移転は遷都であり事実上満州帝国の終焉に等しい。これはなんとしても回避しなければならない。回避するためには、ならばどうするか。議論はここに集まった。

けれど総務庁の懸念は解消した。溥儀の通化移転はじき解決したからだ。十日、皇宮に参内した山田乙三関東軍総司令官より一週間ないし一〇日間のうちにソ連軍戦車の新京侵入が予想されるため早急に通化移転を、との申し入れに同意していた。当初は急な申し入れであったことや阿片中毒であった妻の容婉の健康問題などから同意を渋ったが側近の説得に加えて政府の通化移転決定などで、溥儀の有無を言う余地はうしなっていた。

緒方部長は決起事件を契機に『な号作戦』貫徹を急いだ。そのため彼は八月十二日、特別工作班を編制した。工作班の顔触れは決起反乱部隊と同じく三京公司の社員と大畠、岡村両参事官だった。

工作班の任務はカネと阿片を通化に運び出すことだった。この任務は五月におこなわれた軍人会館での秘密会議で新たに『な号作戦』に加えられた三点のなかのひとつだった。

（一）と（二）は完了した。八月時点で残るのは（三）だけであった。

（一）については梅津美治郎大本営陸軍部参謀総長の、五月二十日大陸兵力運用に関する企図確定により、従来皇土朝鮮防衛を任務とする上月良夫軍司令官指揮下の第一七方面軍を関東軍隷下とし、あわせて関東軍の最終任務を満州から朝鮮防衛とすること、そのため最終的には満州の防衛線を大連―新京を結ぶ連京線以東、新京―図們を結ぶ京図線以南の要域を確保し、持久戦を策することで決着している。

けれどこれらの地域を一本の線で結んだ内側にまで関東軍を後退させるということは満州国土のほぼ四分の三を放棄し、楕円形の領域内にとどまることを意味する。

（二）も決着した。ただし未完に終わった。もともと（二）が議題にのぼった背景には武器弾薬の逼迫という関東軍の苦しいお家事情があった。相次ぐ精鋭部隊の南方戦線転出にともない武器弾薬も運び出され、満州残留部隊は現地の邦人を新たに召集した新兵で編制したが小銃すら渡せず、丸腰の兵士もいるありさまだった。

五月の秘密会議に出席した松村総参謀副長は関東軍の武器不足を初めて認めた。これを解決するため政府に協力を求めたのだ。たとえ五〇メートルでも一〇〇メートルでもよい、弾丸が飛び出す小銃、関東軍はこれを「近距離決戦兵器」と名付け、製造工場の即刻設置を政府に要請した。とはいえ簡単にゆくものではない。そのため古海次長のもと企画局内で検討を重ね、北京に民間の武器工場があり天津には弾薬工場があるとわかり、買収して満州に誘致することにした。そこで緒方部長および大畠、岡村、新たに富田庄一参事官が加わり北京に向かった。

三京公司の戸川社長も同行した。民間企業との商取引は役所が前面に出るより民間同士のほうが円滑にゆくという配慮からだ。けれど結局商談はまとまらず製造工場の誘致も不可能となった。相手に値踏みされ、買収額が折り合わなかったのが原因だった。

弾薬工場は天津競馬場の近くにあり、生産工程や性能の説明を受けた。けれどこちらも金額面で折り合わず買収にはいたらなかった。工場側は足元を見透かし、買収額を釣り上げてきたのだ。すでに彼らは短波ラジオや民間に流布されているうわさなどから日本の不利な形勢を知っている。

そのようななかで満州政府の役人が武器弾薬の買収に北京までやってきた。彼らにすれば売らなくても成り立つ工場をあえて売るのである。金額が釣り合わなければ断るまでであり痛くも痒くもない。案の定そうなった。

買収工作はご破算になった。古海次長は工場誘致を断念し、窮余の策として新京市内の鉄工所に武器製造を依頼した。試作品ができあがったところで新京郊外の南嶺にある関東軍の射撃演習場で関東軍の原参謀副長も加えて試射をおこなった。ところが結果は散々だった。弾倉が暴発し、敵ではなく射手が負傷するようなしろものだった。ただし試作品だったことからこの後も試作は継続された。が八月九日のソ連軍侵攻までに一梃ものにならず結局「近距離決戦兵器」は実現しなかった。

（三）は首尾よく事が運んだ。とはいえ事後を思えばだれもが心中穏やかでないものがあった。阿片を扱っていたからだ。搬出で阿片不足をきたせば吸引患者にとっては生死にかかわる。緒方部長は大畠、岡村、富田各参事官に三京公司社員を加えて特別工作班を編制し、これを大畠班と岡村班の二つに分割した。大畠班は満州中央銀行から新札を運び出す。岡村班は新京製膏所から阿片を全量運び出す。これらはそして通化に運び関東軍に引き渡す手筈になっている。

五月の秘密会議では阿片を通貨代用に具することは決まったが阿片の調達方法までは詰めていなかった。これが七月、関東軍総司令部から関屋悌蔵厚生部次長に、「新京周辺に保管する阿片を全部軍に明け渡すこと」と要請されたことで具体的になった。関谷次長は関東軍のこの要請を古海次長に報告し、古海次長はさらに事実関係を確認したところ、「軍は通化で持久戦をおこなうため籠城用に準備する必要がある」との回答であった。

そこで厚生部は政府が保管する阿片を回収し、関東軍は総司令部に運び込んだ。ただし特別工作班の阿片搬出は厚生部とは別であり直接関係はない。厚生部は自前の阿片でまかなったが、それを持たない特別工作班は新京製膏所から調達したからだ。

阿片搬出には三京公司のトラックが使われた。三京公司事務所横に三台のトラックが停車していた。一台は大畠参事官が乗り、満州中央銀行に向かった。残る二台は阿片搬出に充て、岡村、富田両参事官が乗った。新京製膏所は旧市街の満人街のど真ん中にあった。だが阿片流出防止のため周囲は赤レンガの高い塀でかこまれ周辺とは隔絶している。塀の中にはいれるのは吸引患者だけであり、正門には守衛が出入りを監視している。

中国の阿片禍は一八〇〇年代初頭、宣宗皇帝時代にまでさかのぼるというから根深く、国民的宿阿となっている。阿片は吸引するとまるで五色の雲に乗り、天高く空を舞うような恍惚感に酔いしれ。生活や経済的困窮などから解放されるまさに妙薬だという。

しかしこれ自体すでに精神が病み、心身がむしばまれている証拠だ。これを放置すれば彼らは廃人となりやがては亡国をもたらす。そのため清政府はしばしば禁煙令を発し、この措置が一八四二年七月の阿片戦争の惹起要因となる。

戸川社長の阿片横領と追跡班

関東軍は政府保管の阿片を集めたものの司令部庁舎正面入り口の大広場に野積したまま放置していた。そこに八月九日ソ連軍の突然の侵攻だったから慌てて軍用トラックに積み込み通化に運搬した。けれど途中匪賊の襲撃に遭い犠牲者を出したうえトラックごと強奪される羽目になった。

厳重な警備に守られた新京製膏所だったが事前に古海次長から連絡がついていたのでトラックはほとんど素通りで正門を入り倉庫前に横付けされた。目的の阿片を手早く満載した。もたもたしてはいられない。生阿片だけでなく精製された煙膏まで根こそぎ通化に運び出そうというのだ。そうなればあとはいったいどうなるか。

阿片が切れ、禁断症状に陥った中毒患者のおびただしい修羅地獄がいたるところに展開すること想像に難くない。だから一刻も早く阿片を積み込み製膏所を立ち去る必要がある。

さいわい阿片搬出は首尾よくいった。もし露見していたら暴動に発展しかねない。吸引者にとって阿片は死活問題だからだ。けれど積み出しはうまくいったがこの後別の問題が発生した。じつは三京公司にもどる途中、岡村参事官が乗った後方のトラックが狭い路地の側溝に後輪がはまりエンストを起こしたのだ。富田参事官が乗った前方のトラックは後続者に気づかずそのまま猛スピードで疾走した。やむなく岡村参事官は満州軍に車両の引き上げをたのんだ。

満州軍は迫りくるソ連軍との市街戦に備えて土のうを積み上げるなど陣地構築中だった。首都新京は末光元広第一四八師団が防衛していた。同師団は七月現地召集兵と兵站警備隊を基幹に急遽編制されたばかりであった。昼夜兼行で戦車壕を掘削し、バリケードを築いて戦車砲を据えるなどソ連軍の首都侵攻阻止に当たっていた。満州軍も末光師団の隷下にあった。

岡村参事官は満州軍に引き上げを依頼することにためらいがあった。阿片の匂いをかぎつけ、悶着がおこるのをおそれたのだ。とはいえほかに手はなく時間も待ってはくれない。そこで彼は後ろから押し上げてもらうのではなく車体の前方にロープを伸ばし、引っ張り上げる方法をとった。これなら荷台に積み込まれた阿片の匂いに気づかない。じっさい掛け声とともにトラックを一気に引き上げると満州軍はそのまま現場にもどった。岡村参事官はわずかばかりのポケットマネーを彼らに渡して急ぎ三京公司に向かった。

三京公司事務所前には大畠参事官が乗ったトラックがすでに停車していた。このトラックには印刷仕立ての、総裁印もまだ押してない紙幣が満州中央銀行から運び出され、箱詰めのまま積み込まれていた。

満州国の紙幣は日本国と等価であった。紙幣も日本国内で印刷され満州国に運ばれていた。けれど戦局の悪化で次第に輸送困難となり敗戦間際には満州国印刷局で発券を始めていた。

三京公司の事務所二階には緒方部長と戸川社長が待機していた。阿片と紙幣の搬出特別工作班の現場責任者は緒方部長だった。緒方部長から通化までの物資輸送の概要が説明された。通化省大栗子は朝鮮半島と国境を接する山岳地帯。新京からおよそ二五〇キロある。途中抗日ゲリラや匪賊の襲撃に警戒せよ。関東軍の阿片搬出トラックが匪賊に襲われ満載した阿片は略奪されたうえに兵員も殺害された、と全員に伝えた。

この後全員の湯飲み茶碗に日本酒がそそがれた。道中の無事を祈るものか、それとも今生の別れの盃か。どちらともいえる酒を、管制用の暗幕が下がった暗い電灯の下で飲み干した。

「しっかり頼むぞ」

「わかりました」

緒方部長にこう応えると戸川社長は社員とともに階下を駆け降り三台のトラックに分乗した。阿片を積んだトラックはシートで覆っていた。荷物を隠すだけではない。阿片特有の臭気防止もあった。匂いを嗅ぎ付けた満人が襲ってくるともかぎらない。

時計の針は午後九時をわずかに過ぎていた。緒方部長や大畠、岡村、富田各参事官らの見送りを受けトラック三台は大同広場から民康大路を経て漆黒の吉林街道に向かった。吉林街道に出ればあとはかまわず道なりに沿って突っ走ればよい。

満人の目や抗日ゲリラの襲撃を警戒しながら戸川社長は阿片を無事に通化の関東軍司令部に届けなければならない。阿片は財源として通化移転後の関東軍の財源に充当するものだった。ところが阿片は関東軍に届かなかった。敵は抗日ゲリラや満人ではなかった。じつは身内に潜んでいた。戸川社長が横領したのだ。戸川社長の阿片横領が発覚したのは八月十六日夜半であった。三京公司社員から総務庁企画局に電話があり、真相が伝えられたからだ。

じつはこれより前、緒方部長は追跡班を編制しトラックの行方を追っていた。阿片の通化搬送のその後について戸川社長からなんらの連絡もなかった。これに不信感を抱いていたところへ庁内からも特別工作班を編制した高倉企画副局長や緒方部長に対し責任を問う声が挙がっていた。

そのため緒方部長は特別工作班を連れ戻す必要を迫られ、大畠、岡村両参事官のほか三京公司の残留社員らで追跡隊を編制し、通化に向かうことになった。途中抗日ゲリラや暴民に備えるためトラックには小銃、手榴弾、日本刀などを積み、全員鉄帽すがたの完全武装であった。

追跡隊は八月十五日午後五時、総務庁舎を出発した。正午の詔書放送を聞き、日本の敗戦を知って憔悴したがいつまでも感傷的になってはおれない。ソ連軍が乗り込んでくれば阿片追及は必至。彼らも阿片の利用価値は知っている。追跡隊をのせたトラックは大同大街を突っ切って伊通河の安全橋を渡り吉林街道に出た。

この後は道なりに走れば吉林に行く。けれど新京の市街地を抜けると途端に広漠とした草原地帯になる。匪賊や暴民はこのようなところに潜伏している。じっさい市街地が途切れたところで追跡隊は日本の憲兵分遣隊に停車を命じられ、これより先は危険なので引き返せと指示された。

しかもこのとき暴民に襲われて血まみれになった日本人居留民が戸板に乗せられて

憲兵分遣隊詰所に運び込まれ、日本人とわかれば手当たり次第襲撃され、犠牲者も続出していると聞かされる。憲兵曹長や負傷者の話から容易ならぬ事態を説明され追跡隊は判断に迷った。けれど緒方部長は思い直し行動の継続を決断した。彼には逡巡しているいとまはなかったのだ。緒方部長はふたたびトラックに乗り運転手に前進を命じた。

ところがトラックはほどなくして停車する。エンジン故障で道路の中央に立ち往生してしまった。運転手はエンジンルームをのぞきこむが原因をつかめずにいる。だかもたついてはいられない。いつ匪賊や暴民が襲ってくるかわからない。見つかれば彼らはトラックごと奪い去ること必至だ。

緒方部長は全員トラックから降り車体の陰に隠れるよう指示し、運転手には満州国旗を掲げるよう命じた。相手の出方を確かめることと敵意がないことを示すためだった。けれど反応はなかった。そこでこんどは日章旗を振らせた。同じだった。反応がなかったのは敵の潜伏がない証拠だった。

『な号作戦』は失敗

トラックを放棄し、緒方部長は憲兵分遣隊詰所まで徒歩で退却することにした。岡村参事官は小銃と日本刀を持って走った。武器がいかに重いものか岡村参事官はあらためて知った。

全員無事に憲兵分遣隊詰所にたどりついた。ここで一旦小休憩をとり、ふたたび徒歩で総務庁に引き返した。追跡隊は結局調査ができずに終わった。とはいえ免罪にはならない。そこで緒方部長は特別工作班のなかから岡村参事官を選び、単独で吉林潜入を指示するのだった。

敗戦で日ごとに騒然とするなかで大挙して行動するのは危険が多すぎる。岡村参事官は協和服から野良着に着替え、難民にまぎれて潜行することにした。客車ではなく無蓋貨物列車を選んだのもそのためだ。

緒方部長から吉林到着後の連絡先もしめされた。岡村参事官も吉林公署には少なからず知人もおり連絡手段はもっていた。ただし、かりに戸川社長の行方をつかめ、トラックを発見したとしてもではどのように二台分の阿片と一台分の紙幣を新京まで運ぶのか、この疑問と不安は拭えなかった。しかし選ばれたかぎりやらなければならない。岡村参事官は吉林に向かう列車の時刻表を調べ八月十七日午前十一時に出発することにした。

だが急遽予定が変わった。十六日夜半、特別工作班の三京公司社員から総務庁企画局に電話があったからだ。社員の説明によると吉林まで無事到着し興亜塾に逗留した。このとき詔書放送をきき敗戦を知った戸川社長は吉林から奉天に方向転換し、ここでトラックの荷物全部を列車に積み替えて安東経由で朝鮮北部に向かったというのだ。説明を受けた高倉企画副局長、緒方部長はともに唖然とし、しばらくは言葉もなかった。

阿片も紙幣も通化移転後の貴重な財源であり一刻も早く関東軍に届けなければならない。それにもかかわらず何ゆえ戸川社長は吉林にとどまっていたのか。緒方部長の疑問はここに向けられた。そしてこの疑問から想像できるのは阿片と紙幣の横領であった。

ソ連軍の侵攻開始でいよいよ敗戦濃厚と知った戸川社長は吉林にしばらくとどまり様子を見ていた。予想通り八月十五日敗戦となった。そこで彼は気が変わり通化から日本に向かった。関東軍が三京公司社員のために特別発行した通行手形を悪用して軍用列車に阿片と紙幣を積み替えさらに船舶で内地に持ち逃げしてひと儲けをたくらんだのでは、と。

じっさい緒方部長の想像通りだった。これは敗戦翌年の七月、岡村参事官が引き上げ船で日本帰還後にわかったことだが、戸川社長の横領は事実だった。軍用列車で朝鮮のソウルまで運んだ阿片等を今度は朝鮮軍の軍用船に積み替え仁川港から佐賀県呼子港まで運んだ。そのため戸川社長は密輸と物資隠匿の容疑で和歌山県警に検挙され、和歌山地裁で有罪判決を受けた。戸川社長は和歌山県出身だった。むろん阿片も紙幣も没収されたことも分かった。

かくして『な号作戦』はまったく予想外の顛末と失敗の連続で終息した。

あとがき

決起事件後のそれから

ポツダム宣言受諾を容認せず、「徹底抗戦」「聖戦貫徹」を掲げるとともに「国体護持」「天皇死守」等を訴え、決起した陸軍水戸教導航空通信師団や厚木海軍三〇二航空隊の反乱決起部隊は結局目的達成なかばにして終息した。

兵力、国力ともに疲弊のきわみに達し、日本の敗戦は必至であり大勢はすでにポツダム宣言受諾の方向にかたむき、この流れをくつがえすことはもはや不可能であった。それにもかかわらず決起反乱部隊はあえてこの流れにあらがい、起死回生に挑もうとした。が、ついには本文で記したようにそれも未完に帰した。

ところがじつはこれらの決起事件は当事者たちの断罪だけでは終わらなかった。決起事件後のそれからもなおまだ続きあったということだ。つまり上野事件においては松島貞雄海軍中尉の後追い自決および菅原道紀陸軍大尉らの集団自決未遂であり、厚木海軍三〇二航空隊においては山田九七郎飛行長の服毒自決であった。

松島貞雄海軍中尉は松島利雄少尉の弟であった。兄が決起反乱事件に関係したことも、事件の舞台となった上野の東京美術学校で自決したことも知らず、生家に復員してきて初めて知る。けれど兄は自決し、自分は生きながらえて復員。彼はこのことに自責の念を抱き、軍刀で割腹自決し、松島少尉の後を追うのだった。

菅原道紀陸軍大尉は陸軍第六航空軍司令官菅原道太中将の長男であった。菅原軍司令官は多くの特攻隊員を戦場に送り出した最高責任者のひとりでもあった。そのため戦後は埼玉県の地方都市で隠遁生活を送り、特攻死したものたちの鎮魂につとめた。

陸軍水戸教導航空通信師団に所属する菅原大尉は、天皇の詔書放送につづいて岡島少佐たちの決起事件、そして自決。相次ぐこれらの事実に呆然自失する江口周三郎少尉ら部下たちにこう訓示するのだった。

「事態がここにいたったうえは自決あるのみ。われわれも白虎隊の精神に倣い、今晩十二時を期して自分をはじめ情報将校二八名は全員自決しよう。したがって皆も身辺整理し、覚悟を決めておくように、よいな」

江口は乙種学生出身。七月に少尉任官したばかりの新米将校だった。江口少尉らは菅原大尉の訓示にしたがい兵舎の寝台に端座し、軍刀を膝の前に置き従容として午前十二時を待った。けれど集団自決は寸前のところで回避された。菅原大尉の不穏な行動が上官らに見咎められ、軍刀や拳銃が没収されて身柄も軟禁状態に置かれたからだ。

厚木海軍三〇二航空隊の山田九七郎飛行長は小園安名司令作成の檄文を上空より散布し、広く国民に決起をうながすことを提案した人物だった。けれど決起は不発に終わったのみならず自分たちが死守する厚木飛行場に、数日前まで敵であったマッカーサー連合国軍最高司令官を迎え入れるという屈辱までも甘受する。

これらのことから山田飛行長は決起反乱事件に自ら断をくだすべく敗戦から一週間後、藤沢の自宅において夫人とともに服毒自決した。

かくして決起事件後に発生した余震も終息した。マッカーサー連合国軍最高司令官も、台風の影響で当初予定より二日遅れたものの八月三十日厚木飛行場に着陸し、日本本土に第一歩をしるすとともに事実上日本の占領政策を開始した。

マッカーサー最高司令官の下に九月二日、連合国軍最高司令官総司令部、いわゆるＧＨＱが設置され、日本の行政、立法、司法の全権を掌握したうえさらに日本政府に対し指示を伝達するかたちで間接統治をおこなうのだった。

占領開始後一ヵ月間のうちに本土全体に占領軍が派遣され、占領政策が徹底される。

内地部隊の陸海軍四〇〇万将兵の復員も二ヵ月間であらかた完了した。

では日本を戦争終結にみちびいた鈴木貫太郎首相のそれからはどうであったか。

彼は、自分に課せられた役割はいかに戦争を終わらせるかであり、その役割もポツダム宣言受諾で果たしたと判断した。そのため鈴木貫太郎首相は、八月十五日正午の詔書放送から三時間後の三時五十分、内閣総辞職の辞表を提出し、鈴木内閣に終止符を打ち野にくだった。このとき彼は七八歳であった。

この後鈴木は千葉県関宿に引っ越していた。丸山町の自邸はポツダム宣言受諾反対を訴える国粋主義者らによる放火で焼失していた。そのため身の危険もあり知人宅など転居を繰り返し、仮住まい生活が続いていた。けれど首相を辞したのを機会に関宿に定住を決めた。関宿は父の由哲の出身地であったことや地元住民の再三にわたる懇請もあり、ここに決めたのだった。

だがそれでもまだ彼をただの村夫子にしておかなかった。関宿に転居して間もなくふたたび上京することになる。吉田茂外相の訪問を受け枢密院議長就任および憲法改正問題の要請を受けたからだ。

十二月十五日枢密院議長に就任。彼の役割は新憲法および皇室典範制定であった。憲法改正問題は占領統治開始直後からＧＨＱ内で議論されていた。十月に入ると松本蒸治国務相を委員長に憲法問題調査委員会が設置され、年が明けて一九四六年二月、松本試案がGHQに提出される。けれど試案はほとんどかえりみられることなく廃棄され、かわってGHQ民政局から原案が示され、以後この原案に基づいて日本側の憲法改正草案が作成された。

二月二十二日、草案は閣議決定し、三月六日には新憲法要綱が発表される。これを受けて鈴木枢密院議長は第一回憲法改正草案審査委員会を開催した。この日はちょうど幣原喜重郎内閣総辞職ともかさなった。この後一ヵ月ほど首相不在がつづき、政治空白がつづいたが吉田茂自由党総裁が首相に就き第一次吉田内閣が発足する。同時に枢密院の調査委員会も仕切り直しに入り、五月末より再開する。この後いくたの紆余曲折を経ながらも新憲法草案は十月二十九日、鈴木議長のもとで枢密院本会議を通過し、十一月三日公布と決定する。そしてこれより六ヵ月後の一九四七年五月三日、日本国憲法は発効となる。

現在五月三日は憲法記念日、祝日となっているのはこのことによる。けれどじつは発効前年の八月八日に開かれた憲法草案審査会本会議において高松宮宣仁殿下は出席を拒否し、三笠宮崇仁殿下も同じく採決を棄権し退席していた。これらは無言ながら新憲法制定容認せず、との意思表示にほかならない。

さらに、鈴木退任後最後の枢密院議長となった清水澄は新憲法施行後の九月二十二日公職追放令の該当者と発表され、この三日後熱海錦ヶ浦の絶壁から投身自殺をはかっている。枢密院議長という立場上、表面だって新憲法制定を妨げることはできない。けれど内心新憲法には承服しかねるものがあった。片山哲首相宛に送った遺書がこれを語らせている。「幽界より（天皇制の永続に）努力せんと欲す」としたためていた。

このような内幕もあった我が国の新憲法制定。しかしこれらの大役を果たした鈴木貫太郎は憲法発効後の六月十三日枢密院議長の職を辞し、ふたたび関宿の自邸に帰って来た。以後公職に就くことなく晩年はモンペ姿に杖をつきながらあぜ道を散策するなどし、一九四八年四月、八一歳で没する。

なお厚木海軍三〇二航空隊は書き下ろし。上野事件については月刊誌「丸」二〇一六年二月号、満州国務院事件については同じく月刊誌「丸」二〇一八年一月号にそれぞれ掲載されたものに加筆し、まとめた。

二〇二三年六月

岡村　青

産経NF文庫

我々はポツダム宣言受諾を拒否する

二〇二三年八月二十日　第一刷発行

著　者　岡村　青

発行者　赤堀正卓

発行・発売　株式会社　潮書房光人新社

〒100-8077　東京都千代田区大手町一-七-二

電話／〇三-六二八一-九八九一㈹

印刷・製本　中央精版印刷株式会社

定価はカバーに表示してあります
乱丁・落丁のものはお取りかえ
致します。本文は中性紙を使用

ISBN978-4-7698-7062-3　C0195
http://www.kojinsha.co.jp

産経NF文庫の既刊本

世界史の中の満州国

岡村　青

はたして満州は中国政府の主張するような、日本に捏造された「偽満州」であったのだろうか。本書はこの疑問をもとに、「侵略」「植民地」「傀儡」、これらの三つのキーワードで満州の実相、ありのままの姿を歴史的事実にもとづいて解き明かす、分かりやすい「満洲国」。

定価980円(税込)　ISBN 978-4-7698-7055-5

革命家チャンドラ・ボース
日本人とともにインドを独立させた男

稲垣　武

その熱意は東条首相以下、日本政府・軍首脳を動かした！　ベンガルの名家に生まれ、ケンブリッジ大学で学ぶも、栄達の道をなげうって独立運動に身を投じた英雄――死後も英国を翻弄させ、植民地支配を終わらせる要因ともなった、その不屈の闘志を描く。

定価1080円(税込)　ISBN 978-4-7698-7061-6

産経NF文庫の既刊本

日本が戦ってくれて感謝しています2

あの戦争で日本人が尊敬された理由

井上和彦

第1次大戦、戦勝100年「マルタ」における日英同盟を序章に、読者から要望が押し寄せたインドネシア――あの戦争の大義そのものを3章にわたって収録。日本人は、なぜ熱狂的に迎えられたか。歴史認識を辿る旅の完結編。15万部突破ベストセラー文庫化第2弾。

定価902円（税込）　ISBN978-4-7698-7002-9

日本が戦ってくれて感謝しています

アジアが賞賛する日本とあの戦争

井上和彦

インド、マレーシア、フィリピン、パラオ、台湾……日本軍は、私たちの祖先は激戦の中で何を残したか。金田一春彦氏が生前に感激して絶賛した「歴史認識」を辿る旅――涙が止まらない！感涙の声が続々と寄せられた15万部突破のベストセラーがついに文庫化。

定価946円（税込）　ISBN978-4-7698-7001-2

産経NF文庫の既刊本

台湾を築いた明治の日本人　渡辺利夫

なぜ日本人は台湾に心惹かれるのか。「蓬莱米」を開発した磯永吉、東洋一のダムを築いた八田與一、統治を進めた児玉源太郎、後藤新平……。国家のため、台湾住民のため、己の仕事を貫いたサムライたち。アジアに造詣の深い開発経済学者が放つ明治のリーダーたちの群像劇！

定価902円（税込）　ISBN 978-4-7698-7041-8

「賊軍」列伝　明治を支えた男たち　星　亮一

一夜にして「逆賊」となった幕府方の人々。戊辰戦争と薩長政府の理不尽な仕打ちに辛酸をなめながら、なお志を失わず新国家建設に身命を賭した男たち。盛岡の原敬、水沢の後藤新平、幕臣の渋沢栄一、会津の山川健次郎……。各界で足跡を残した誇り高き敗者たちの生涯。

定価869円（税込）　ISBN 978-4-7698-7043-2

産経NF文庫の既刊本

「令和」を生きる人に知ってほしい日本の「戦後」

皿木喜久

なぜ平成の子供たちに知らせなかったのか……GHQの占領政策、東京裁判、「米国製」憲法、日米安保——これまで戦勝国による歴史観の押しつけから目をそむけてこなかったか。「敗戦国」のくびきから真に解き放たれるために「戦後」を清算、歴史的事実に真正面から向き合う。

定価869円（税込）　ISBN978-4-7698-7012-8

子供たちに伝えたい日本の戦争　1894～1945年
あのとき なぜ戦ったのか

皿木喜久

あなたは知っていますか？子や孫に教えられますか？日本が戦った本当の理由を。日清、日露、米英との戦い…日本は自国を守るために必死に戦った。自国を貶める史観を離れ、「日本の戦争」を真摯に、公平に見ることが大切です。本書はその一助になる〝教科書〟です。

定価891円（税込）　ISBN978-4-7698-7011-1